U0895018

◎ 国家重点研发计划课题（2018YFD1100202）资助项目

◎ 中建股份科技研发课题（CSCEC-2022-Z-10）资助项目

绿色宜居村镇建设利益相关者研究

Research on Stakeholders of Green and Livable Villages and Towns Construction

著　　者：杨　瑛　张　旺　彭佳迪

学术顾问：唐未兵　周跃云

西安交通大学出版社
XI'AN JIAOTONG UNIVERSITY PRESS

图书在版编目（CIP）数据
绿色宜居村镇建设利益相关者研究 / 杨瑛，张旺，彭佳迪著 . -- 西安：西安交通大学出版社，2025.1.
ISBN 978-7-5693-3943-7

I. F299.21

中国国家版本馆 CIP 数据核字第 2024GK9974 号

书　　名　绿色宜居村镇建设利益相关者研究
　　　　　LÜSE YIJU CUNZHEN JIANSHE LIYI XIANGGUANZHE YANJIU
著　　者　杨　瑛　张　旺　彭佳迪
责任编辑　韦鸽鸽
责任校对　刘莉萍

出版发行　西安交通大学出版社
　　　　　（西安市兴庆南路 1 号　邮政编码 710048）
网　　址　http://www.xjtupress.com
电　　话　（029）82668357　82667874（市场营销中心）
　　　　　（029）82668315（总编办）
传　　真　（029）82668280
印　　刷　湖南省众鑫印务有限公司

开　　本　710mm×1000mm　1/16　印张　7　字数　101 千字
版次印次　2025 年 1 月第 1 版　2025 年 1 月第 1 次印刷
书　　号　ISBN 978-7-5693-3943-7
定　　价　58.00 元

如发现印装质量问题，请与本社市场营销中心联系。

杨　瑛　建筑学工学博士，全国工程勘察设计大师，研究员级高级工程师，博士生导师，国家一级注册建筑师、APEC 注册建筑师、英国皇家特许注册建筑师。现任中国建筑首席大师、中国建筑第五工程局有限公司总建筑师兼设计研究总院院长。曾获“中国建筑学会青年建筑师奖”“全国建设系统劳动模范”“当代中国百名建筑师”“中国建筑学会突出贡献奖”“全国勘察设计行业建国七十年杰出人物”等多项荣誉，2020年起享受国务院政府特殊津贴。

张　旺　博士，副教授，湖南工业大学城市与环境学院新型城镇化研究所所长，硕士生导师，湖南省绿色工业与城市低碳发展研究基地专职研究人员。中国城市经济学会理事、湖南城市文化研究会副秘书长，湖南省城市科学研究会常务理事、湖南省地理学会理事、湖南省长株潭城市群研究会会员、湖南省国土空间规划学会规划教育工作委员会会员。主要研究领域包括城乡规划、绿色低碳城乡发展、可持续发展经济学等。

彭佳迪　人居环境设计学工学硕士、城乡规划学工学学士，现任职于湖南有色金属职业技术学院冶金材料系。曾参与国家重点研发计划子课题“村镇建设动态发展机制设计与仿真及利益相关主体关系研究”、国家重点研发计划子课题“县域村镇空间扩展适宜性评价技术”、《株洲市应对气候变化“十四五”规划》、《衡阳市应对气候变化“十四五”规划》、《长沙宁乡市道林镇乡村振兴战略规划》的研究编撰工作。

前　言

2022年5月，中共中央办公厅、国务院办公厅印发了《乡村建设行动实施方案》，提出要“完善农民参与乡村建设机制”，“扎实开展‘万企兴万村’行动，大力引导和鼓励社会力量投入乡村建设”。其中社会力量多元参与过程中，又诞生了诸如“荣誉村民”“市民下乡”等新农人、返乡创客群体，这使得在村农民群体的构成日益复杂，乡村建设中的农民群体在某种程度上表现为一个正在走向新组合的新群体。上述各级政府、农民群体和社会力量都是村镇建设的利益相关者。随后2023年1月，国家乡村振兴局等七部门印发的《农民参与乡村建设指南（试行）》，提出参与项目策划、方案设计过程中需吸纳村民代表、返乡创业人员、新乡贤、乡村建设工匠等，这些也是村镇建设的利益相关者。因此只有识别与分析这些利益相关者的层次结构，兼顾他们的核心诉求、分析他们的矛盾冲突，在构建利益相关者社会网络分析模型的基础上，协调他们之间的利益关系，并基于利益相关者的国内典型村镇建设开展了案例分析，构筑了一个多元共享的利益共同体，这将高效推动新时期乡村建设行动，更好促进农业农村现代化和乡村全面振兴。

基于此，本著作按照“提出问题—分析问题—解决问题”的思路，其基本内容如下：

首先提出问题，即基于利益相关者的国内典型村镇建设开展案例分析、识别与分析村镇建设利益相关者。前者主要介绍了五种基于利益相关者的国内典型村镇建设案例；后者主要包括：识别村镇建设利益相关者，处理浔龙河村调研数据，分析村镇建设者利益需求，开展村镇建设者之间的利益矛盾分析。

其次分析问题，即构建村镇建设利益相关者社会网络分析模型和浔龙河村建设利益相关者的网络关系矩阵，以及绘制社会网络结构图，并从个体网络和整体网络两个层面出发，对浔龙河绿色宜居村庄建设的利益相关者关系网络进行指标评价。

最后是解决问题，即研究村镇建设利益相关者的协调关系和构筑村镇建设多元共享利益共同体，前者是将社会网络分析法与引力模型相结合，构建出村镇建设利益相关者的引力强度模型，并对村镇建设利益相关者的关系结构进行优化，对村镇建设利益相关者提出总体对策与差异化路径；后者通过构建多元利益共同体，创新利益共享机制来实现绿色宜居村镇建设的多元主体参与乡村建设，其主体是多元的，利益也是多元的。

总而言之，本书理论与实践相结合，通过对人地关系协调、人居环境科学、利益相关者、社会网络等理论的分析研究，以典型村镇——长沙县果园镇浔龙河作为研究区域，基于社会网络视角，构建了绿色宜居村镇建设利益相关者的社会网络关系模型，评价了其网络特征指标，分析了利益相关者的关系结构和作用机理；将社会网络分析法与引力模型相结合，构建了绿色宜居村镇建设利益相关者的引力强度模型，探索了利益相关者对村镇建设发展的影响因素，并对建设利益相关者提出了总体对策与差异化路径，以协调各建设利益相关者之间的矛盾冲突；搭建了多元化利益共享机制，旨在加快推进绿色宜居村镇的建设进程。

著者

2023年12月

目　录

第1章 绪 论

2023年1月国家乡村振兴局等七部门印发《农民参与乡村建设指南（试行）》，提出要吸纳村民代表、返乡创业人员、新乡贤、乡村建设工匠等参与项目策划、方案设计[1]。上述几类人员都是绿色宜居村镇建设的利益相关者。由于这些多元化主体之间的利益需求存在明显差异，不同村镇建设者存在着复杂的利益关系。后疫情时代经济状况面临不小困难，多元利益主体无序参与绿色宜居村镇建设的问题也更为凸显，如何协调、平衡不同利益主体各自的诉求，从而保证绿色宜居村镇建设的有效运行，成为摆在当前乡村规划建设管理的一项重大理论课题和实践问题。

1.1 研究背景及问题

1.1.1 研究背景

统计数据显示，1978年我国常住人口城镇化率为17.92%，2022年为65.22%，44年时间提升了47.30个百分点。多年来，在城镇化快速发展的同时，也意味着乡村在衰落、凋敝。然而没有农业农村的现代化，就不可能建成社会主义现代化。因而推动乡村振兴与新型城镇化协同发展，是着力破解我国发展不充分、不平衡的新矛盾，构建城乡融合发展的新格局，畅通国内外双向大循环，实现中国式现代化的重大战略举措。为此，党的二十大报告提出要“统筹乡村基础设施和公共服务布局，建设宜居宜业和美乡村[2]。”其中的“宜居和美乡村”就包含本研究所提的“绿色宜居村镇”。

2022年5月，中共中央办公厅、国务院办公厅印发的《乡村建设行动实施方案》中指出的工作原则之一便是“节约资源、绿色建设”，即树立绿色低碳理念，促进资源集约节约循环利用，推行绿色规划、绿色设计、绿色建设，实现乡村建设与自然生态环境有机融合。在此文件中还提出行动目标是：到2025年，乡村建设取得实质性进展，农村人居环境持续改善，农村公共基础设施往村覆盖、往户延伸取得积极进展，农村基本公共服务水平稳步提升，农村精神文明建设显著加强，农民获得感、幸福感、安全感进一步增强[3]。这里也充分体现出乡村建设的“绿色宜居”要求。因此建设绿色宜居村镇，是适应新时代高质量发展和满足乡村振兴需求的必然选择。与早期的村镇建设相比，绿色宜居村镇建设更加注重生态环境、经济社会、精神文明的综合考量，以建设宜居宜业、绿色美丽的新村镇。

当前，“绿色宜居”的建设理念已受到广泛关注，但是相对于发达国家而言，我国现代村镇建设时间相对较晚，发展水平较低。村镇建设的主体因受国家政策和经济环境的影响，呈现由单一到多元的发展过程，其大致可分为以下四个阶段，如图1-1所示。

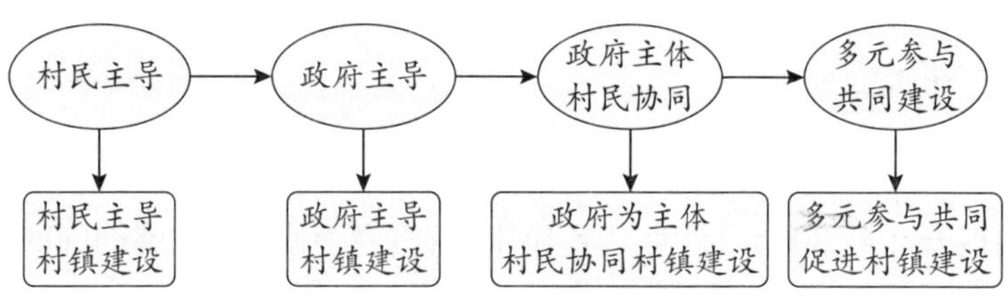

图1-1 我国村镇建设主体的演变过程

（1）村镇自然建设时期：以传统农业作为主导产业，村民作为村镇建设的主导者掌控村镇建设的发展方向，产业结构单一，绿色宜居村镇建设意识缺乏，导致建设较为缓慢。

（2）村镇统一整治时期：为促进村镇建设的发展，政府作为规划主体参与到村镇建设中来，完善村镇的基础设施和公共服务设施，在一定基础上，村镇的生活环境得到改善，生活质量得以提高，但此阶段忽略了村民的主观能动性，未能发动村民充分参与到村镇建设中去。

（3）美丽乡村建设时期：以政府为主导，考虑村民的需求，引导村民参与村镇建设，注重人居环境的提升和生态环境的改善，但由于片面追求村镇环境的改善，导致“千村一面”现象突出，缺乏地域乡土特色。另外，村镇产业规划被忽视，农村劳动力流失、空心村、老龄化问题并没有得到根本解决。

（4）乡村振兴建设时期：随着乡村振兴战略的提出，村镇逐渐成为生活空间的载体，经济要素由城市向村镇流入，村镇建设也逐渐形成由政府牵头协商、开发商主导、媒体与金融机构促进、村民有序参与的多元共治模式。

1.1.2　研究问题

改革开放以来，城市一直是我国建设发展的重点，大量的村镇资源用于单向输血“补给”城市，城乡资源配置不均衡导致村镇建设持续低弱，长期抑制了广大农村的发展。受乡村振兴战略的政策引导以及“宜居宜业”“绿色生态”“和谐美丽”等建设理念的影响，我国的城乡关系开始向着互通、互动、互融的方向发展，城市和乡村之间的资源流动为美丽宜居的绿色村镇建设提供了新的契机[4]。从城乡要素流动的角度来看，绿色宜居村镇的建设发展更加注重城乡资源的流通、互动，由乡村“补给”城市向城市“反哺”乡村转变，城市资源向村镇的流通，为绿色宜居村镇建设带来更多的发展机遇和生产要素，参与绿色宜居村镇建设的利益主体也呈现出多元化现象。多方要素资源由城市注入村镇，使得当下我国的绿色宜居村镇建设又面临着多元利益主体无序参与村镇建设的客观现实。

绿色宜居村镇建设过程中，由于参与建设者的角色多样、数量庞大且目的各异，相互之间既存在着建设绿色宜居村镇的共同目标，又存在着各自不同的利益诉求和复杂多变的利益关系，从而构成了一种典型的社会网络结构，影响着绿色宜居村镇的建设。基于社会网络视角分析绿色宜居村镇建设利益相关者的网络结构，剖析该网络的内涵、特征及内部关系，成为本研究绿色宜居村镇建设利益相关者问题的基本前提，也是解决绿色宜居村镇建设过程中多元主体无序参与村镇建设问题的重要理论依据。

1.2 研究目的及意义

1.2.1 研究目的

本研究以某个正在建设中的典型绿色宜居村镇作为研究区域，识别参与建设的利益相关者，运用社会网络分析法构建该村建设利益相关者的社会网络模型，并对其网络特征进行指标评价，探索绿色宜居村镇建设的影响因素。研究目的主要有：

（1）从社会网络视角，识别绿色宜居村镇建设的参与者，并确定出具体的利益相关者。

（2）研究绿色宜居村镇建设利益相关者关系网络的属性特征，分析利益相关者对推进绿色宜居村镇建设的影响因素。

（3）通过研究分析，协调该村镇各建设利益相关者之间的矛盾，提出总体对策与差异化路径，从而进一步推动绿色宜居村镇建设。同时，力图为绿色宜居村镇的建设发展提供一些新的研究方法和思路。

1.2.2 研究意义

目前国家越来越重视乡村建设，与之相关的政策、项目、资金等都在加大扶持力度。在此过程中，项目主体需要响应国家的政策，并实际对接项目和资金，才能将这些资源转变为乡村建设的条件和行动[5]，因而村镇建设项目的主体也日益增多。而乡村特别是村镇本身就是利益、社会、生活和文化的共同体。村镇建设能否成功并产生长效作用，关键在于能否构建多元共享的利益共同体[5]。故识别多元的主体、多元的利益，重塑多元共享的村镇建设利益共同体，构建相对公平合理的利益共享机制，是当下乡村建设需着重考虑的问题。

（1）理论意义。基于社会网络分析研究视角，以人地关系协调理论、人居环境科学理论、利益相关者理论、社会网络理论为基础，识别参与绿色宜居村镇建设的利益相关者，研究绿色宜居村镇建设利益相关者关系网络的结构特征，重塑多元共享的绿色宜居村镇建设利益共同体，构建公平合理的利益共享机制，旨在丰富现有乡村建设理论。

（2）现实价值。绿色宜居村镇建设过程中，参与其中的利益相关者众多，利益关系复杂多变，利益相关者的关系机制影响着村镇建设的全过程。本研究针对绿色宜居村镇建设过程中的利益不协调问题，提出绿色宜居村镇建设利益相关者的总体对策与差异化路径，优化其社会网络结构，构建多元利益链接、分享机制，帮助绿色宜居村镇建设各利益相关者找到自己的位置，以保证乡村建设的可持续发展，具有重要的现实价值。

1.3 国内外研究进展

1.3.1 绿色宜居视角下的村镇相关研究

基于绿色宜居视角对村镇建设的研究，国外主要集中在土地利用、基础设施建设、绿色住宅等方面。Meyer 等通过总结农村土地优化利用的实例，考虑到世界生态系统状况仍在下降，迫切需要新的技术方法来加速实现土地可持续利用，基于生态系统构建了农村土地利用优化模型，以解决维多利亚农村土地管理项目产生一些违背可持续发展的问题[6]。Kizos 等认为资金流、人员流、货物流和信息流影响着绿色乡村的功能和形态，绿色乡村建设由许多资源要素构成，乡村行为者可以通过各种方式来调动这些资源；主要研究了绿色乡村建设中的生产结构、功能以及生态环境的可持续性发展问题[7]。Jorge 通过对2000—2018年乡村基础设施建设内容的研究，认为墨西哥乡村居民面临严重的健康问题，需要着重关注农村地区绿色基础设施建设，通过改善绿色基础设施来提高乡村健康标准，使农村社区建设更加绿色宜居[8]。Maria 等通过问卷调查方法研究乡村住宅在建筑材料选择方面对绿色发展的做法，他认为乡村建设应更加深入关注生态和经济、社会的同步可持续发展，不仅在城市住宅建设中使用绿色材料，在城乡居民点建设、公共建筑和其他建筑中也同样倡导使用绿色材料，营造绿色宜居的生活环境[9]。Abd 等发现马来西亚没有专门针对乡村道路的绿色道路评级技术，乡村公路属于国道类别，占马来西亚公路网的最大比例；通过系统方法构建特定的绿色道路评级体系来评估马来西亚最大的道路网络[10]。

近年来，基于“绿色宜居”角度，我国学者对村镇建设领域也进行了广泛研究。袁凌等以绿色宜居村镇为例，系统地研究了国内外村镇住宅的建造技术，归纳出目前农村住房建设中普遍存在的问题，从建设基本策略和施工技术体系两个角度，建立了绿色宜居村镇住宅建设的技术体系框架，并提出了农村住宅建设的合理对策[11]。宋文博等从“绿色宜居”的意义出发，基于安全、环境、经济、生活、乡村风貌、乡村治理等几个方面，提出了绿色宜居村镇人居环境建设的内容框架，确定了村镇设施配置、生态环境控制、特色文化引导、房屋院落布局四大绿色宜居村镇人居环境规划的技术要点[12]。李焕等针对乡村振兴战略下我国村镇基础设施建设存在的问题，借鉴了国外绿色宜居村镇基础设施配建的经验，通过对乡镇地区的实地调研，以基本保障型、功能提升型两类村镇为基础，构建了农村基础设施建设体系，提出“绿色宜居”村镇建设的基础设施建设，包括供水、能源、交通、排污、公共服务、邮政通信、垃圾处理七大类[13]。焦燕通过对典型村镇的实地调研与相关文献的分析研究，预判绿色宜居村镇的未来发展趋势，即城镇化进程持续推进村镇资源集约利用、村镇产业的转型升级与创新融合发展、村镇人居环境的治理与提升常态化发展[14]。刘晓君等对绿色宜居村镇田园综合体建设项目的工程管理模式进行深入研究，将建设项目的工程管理模式类别进行系统划分，对建设项目管理模式选择的影响因素进行梳理，构建出田园综合体建设项目管理模式的选择模型，并验证了模型的可行性[15]。

1.3.2 利益相关者视角下村镇相关研究

基于利益相关者视角对村镇的研究，国外主要集中在乡村旅游、乡村规划等方面。Kerselaers 等通过调查访谈参与法兰德斯农村规划的农民、自然保护组织代表、农民工会和相关政府人员，来研究利益相关者对法兰德斯农村规划中土地利用的看法，并提出在农村规划中优化土地利用的方法[16]。Eusébio 等认为乡村旅游是乡村可持续发展的潜在力量，通过定性方法采访乡村旅游的利益相关者，分析了葡萄牙片岩村乡村旅游的几个利益相关者（游客、居民、私营部门供应代理，以及地方和区域旅游规划实体），从需求和供应方面保证所有利益相关者的利益诉求，同时不损害自然、文化和社会资源[17]。Kelliher 等采用案例研究方法来确定区域利益相关者网络的组成要素，发现沟通、资源共享和长时间的社会互动是促进利益相关者信任的关键因素；还研究跟踪了区域利益相关者之间的农村网络活动，包括政府机构、教育机构、乡土企业代表、经济组织和农村社区团体，探讨了在农村网络环境中区域利益相关者之间的相互关系，提出了对利益相关者之间关系动态的见解[18]。Hu 等基于典型退休村的利益相关者分析，使用案例研究和跨学科研讨的方法，对澳大利亚退休村开发商的4名村庄经理和来自不同学科的8名学者进行访谈，确定了24个村庄利益相关者及其具体的关注和期望。结果表明，这些利益相关者的关注和期望都是多维的且差异很大，并且不同利益相关者之间的关注和期望具有复杂的关系[19]。Chin 等通过问卷调查法，访谈了马来西亚沙捞越婆罗洲高地社区的144名受访者，发现乡村旅游的利益相关者和政策规划者是乡村旅游发展的重要因素，认为乡村旅游利益相关者应更加关注旅游发展的三维影响、社区旅游知识的重要性以及获得当地居民对旅游发展的支持，以增强乡村发展竞争力[20]。

近年来，基于利益相关者视角对村镇建设的研究，国内主要集中在美丽乡村建设、田园综合体建设、农房改造、共享农庄和古村落旅游开发等方面。沈丽丽对美丽乡村建设研究现状进行评述，认为不同利益相关者之间的复杂关系是影响美丽乡村建设的重要因素，通过识别美丽乡村建设中的各利益相关者，对不同利益相关者的利益诉求和矛盾冲突进行详细分析，针对目前我国美丽乡村建设中遇到的问题，为利益相关者提出了建设性、可实施的建议和对策[21]。王红宝等从“田园综合体”的含义出发，识别出田园综合体建设的利益相关者，具体包括开发主体、经营企业、政府部门、当地居民以及村委会等；在此基础上，通过对不同利益主体的利益诉求和冲突进行分析，建立起田园综合体核心利益相关者的共生关系，使其最大程度地保护田园综合体核心利益相关者的合法权益[22]。孙叶从利益相关者理论的视角切入，通过对无锡市 F 村的实地调研，发现该村住房建设具有“离土不离乡”的社会基础和“留住乡愁”的文化基础，且在农村住房改造与建设过程中存在村民参与程度有限、干群关系紧张以及基层参与者呈老龄化态势的问题；对此，从村委会、村民和村内乡贤三类主体出发提出相应的解决对策[23]。陈才等在阐述“共享农庄”概念内涵的基础上，通过对共享农庄建设中的利益相关者进行分析，提出构建“以政府为引导，以‘共享农庄企业联盟’为主动力的驱动机制”[24]。杨晓林等通过调查研究严寒地区绿色村镇建设现状，把严寒地区绿色宜居村镇建设的利益相关者分为信贷机构、村镇企业、开发商及施工单位、网络媒体、高校研究院、村镇政府、村镇居民七类，对其建设利益相关方的利益需求和利益矛盾进行分析；并将村镇居民和村镇政府之间的利益矛盾进行博弈分析，对二者的利益关系优化提出协调策略[25]。王晓冉等通过调查绿色小城镇运营管理的现状问题，对各利益相关者的需求特征和目标差异进行系统分析，从政府部门、建设主体、当地居民等绿色宜居小城镇运营管理的利益相关者出发，协调各利益相关者之间的关系，并提出具体的对策建议[26]。伽红凯等通过对国内外古村落旅游开发相关文献的研究，发现旅游开发在给古村落带来经济效益的同时，也对古村落产生不同程度的负面影响，选取利益相关者的视角深入分析了旅游开发利益相关者的利益诉求和利益矛盾以及矛盾产生的原因，并提出利益相关者矛盾协调的建议对策[27]。

1.3.3 社会网络视角下的村镇相关研究

基于社会网络视角对村镇建设领域的研究，国外学者基本采用与利益相关者理论相结合的方法。Kwon等通过社会网络分析研究绿色乡村旅游发展的利益相关者，采用问卷调查法和访谈法研究了工作互动、工作信息寻求、工作决策、工作帮助、个人朋友和个人资源共六种社交网络，结果表明乡村旅游的发展与旅游开发利益相关者之间存在密切关系[28]。Ylward等通过乡村旅游利益相关者社会网络来研究农村的发展，采用访谈法初步确定乡村旅游发展的利益相关者，分析各利益相关者之间活动的积极影响和负面影响，提出了乡村旅游利益相关者的综合合作模式[29]。Ghanbari等通过研究社会网络空间对乡村服务空间功能的影响，采用问卷调查法对村委会成员进行访谈，利用社会网络分析法分析社会网络空间的发展趋势与研究区域的关系，结果表明社交网络对农村居民点及农村服务空间功能的变化有重要影响[30]。Fatemi等研究了伊朗戈勒斯坦省切尔盖（Chehelchay）流域相关的各类农村利益相关者，调查了七个农村群体之间的信任程度、信息交流和参与网络，包括农民、园丁、牧场主及从事非农业工作的人群，结果表明农民、园丁、牧场主是关系网络的核心群体，并建议利益相关者在合作的基础上，制定流域综合管理的战略和计划，实现利益的最大化[31]。Suárez等以优化西班牙农村的灌溉项目为例，对主要行动者进行结构化访谈，利用社会网络分析法，构建识别农村创新项目利益相关者风险的网络模型，着重分析了风险与技术、经济和时间以及灌溉社区和项目开发商之间的关系，提高了利益相关者的风险评估能力[32]。

基于社会网络分析视角，国内学者对村镇的研究主要集中在乡村建设、特色小镇、村镇空间构建等方面。王晓鸣等通过研究现代乡村聚落建设共同体的属性特征，采用社会网络分析法构建了现代乡村聚落建设工程共同体的社会网络模型，选取中心度和卡兹指数两大类评价指标，对堰河生态村的建设工程共同体进行分析评价，并提出针对性的优化对策[33]。宋炎炎等采用社会网络分析法，选取浙江省内七十余个省级特色小镇为研究对象，基于特色小镇之间的主导产业构建社会网络模型，通过网络密度、中心度等指标分析浙江省特色小镇的现状发展问题，并对特色小镇的未来发展趋势提出了实质性建议[34]。葛妍等以苏州市旺山村为研究区域，采用社会网络分析法构建旺山村村民与游客行为需求的社会网络模型，选取中心度、中心势、凝聚子群分析等网络结构的分析指标，对村民和游客的行为需求关系进行评价，基于乡村性和公共性，提出旺山村空间更新的规划策略[35]。陆天华等以南京世凹美丽乡村为研究区域，运用社会网络分析方法，通过实地调研，从社会与空间的交互关系出发，构建乡村主体间的合作竞争关系网络模型，揭示乡村旅游社会网络与空间重构之间的互动关系[36]。关中美等通过对乡村聚落传统中心地理论局限性及空间网络结构理论的研究，确定乡村聚落空间网络结构的研究方法，具体包括构建乡村聚落空间的社会网络分析模型、空间聚落联系引力模型及空间相互作用强度，结合具体的样本案例，提出乡村聚落空间网络结构优化的对策建议[37]。

1.3.4 利益相关者的识别方法

国内外相关学者对利益相关者理论的研究包括旅游、管理、建设项目及规划项目等。但是，学者们并没有形成识别利益相关者的特定方法，较为常用的识别研究对象利益相关者的方法为直接识别和间接识别。

直接识别是在明确利益相关者定义的基础上，通过文献研究分析，直接确定研究对象的利益相关者。Nhat 等通过调查利益相关者对越南国有土木工程项目的影响，识别出项目工程团队、监督单位、供应商、政府机构等九类利益相关者[38]；吴仲兵等在文献研究的基础上，对政府投资代建制项目的建设参与者进行界定和分类，分层次识别出规划、发改、设计、承包商、环保等26类利益相关者[39]。Yang 等在相关文献研究分析的基础上，对复杂绿色建筑项目中的利益相关者进行分析，识别出政府、建设方、设计方、承包商、监理、咨询等15类利益相关者[40]。

间接识别是在文献研究法、专家访谈法的基础上，确定研究对象的利益相关者。Robert 在实际访谈的基础上，发现对建设项目有投资兴趣的参与方包括供应商、客户、工会社区等[41]。王进等通过问卷调查法，对大型工程项目建设参与者进行分类和界定，确定了包括政府部门、环保部门、建设单位、设计单位等在内的12类关键利益相关者[42]。毛小平等通过对可持续建设项目的实地调研，采用问卷调查方法，识别出政府部门、设计单位、咨询单位、建设单位、承包商等12类我国可持续建设的利益相关者[43]。王晓鸣等人通过专家访谈法、问卷调查法，将乡村聚落建设工程共同体分为政府、非政府组织（non-governmental organization，NGO）、金融机构、村委会等八大类[33]。

1.3.5　利益相关者的分析方法

在对建设项目推进过程中的多种影响因素进行研究时，必须对参与项目建设的各利益相关者进行深入分析。目前，相关学者在进行利益相关者分析时，经常使用的是社交网络分析法、知识图谱法、角色联动矩阵法和多维细分法。其中，前三种分析方法是对利益相关者之间关系机制的研究，而最后一种即多维细分法则是基于一种或多种角度对利益相关者进行分析[44]。

刘俊杰等利用社会网络分析法研究农村宅基地“三权分置”改革中的利益相关者，构建了长垣市宅基地“三权分置”改革利益相关者的关系结构，分析了村委会、乡政府和自然资源管理部门之间的关系[45]。廖涛等基于社会网络分析法分析了成都历史文化旅游地区的利益相关者，并对识别出的五大利益相关者进行了中心度分析，研究各利益相关者之间的关系结构和作用机理[46]。吕宛青等采用知识图谱法对旅游利益相关者的研究进展进行分析，研究发现，“社会网络”“演化博弈”“利益诉求演化”“旅游社区冲突”是当下学者对旅游利益相关者的主要研究方向[47]。张瑛等采用知识图谱法对乡村景观变迁的研究进展进行系统分析，研究表明，目前学者对乡村景观变迁的研究多聚焦于乡村非物质景观变迁、不同利益相关者对乡村景观变迁的感知差异、政策制度影响等方面[48]。王纯阳等通过文献研究和专家访谈，运用多维细分法对村落遗产地的利益相关者进行分析，从三个层面将村落遗产地的利益相关者，分为核心、蛰伏和边缘利益相关者三种类别，研究利益相关者与村落遗产地保护之间的关系[49]。吕萍等从政府投资项目的全生命周期出发，也采用多维细分法基于主动性、影响力和利益性，将政府建设项目的利益相关者划分为核心利益相关者、一般利益相关者和边缘利益相关者，研究同一利益相关者在项目不同阶段的重要性[50]。而角色联动矩阵法相较于以上其他方法更为简单、方便，仅需将利益相关者类别构建一个二维网络，然后通过研究中的关键词来分析各利益相关者之间的关系，并对其关系结构进行详细分类。在角色联动矩阵法中，对利益相关者的关系进行梳理是一个重要环节。

1.3.6 利益共享机制构建策略

村镇建设利益相关者的不断多元化和复杂化，更需要通过构建科学合理的利益共享机制来满足各方利益诉求。时舒欣从利益博弈的角度出发分析了苏南水网乡村生态建设中存在的空间利益冲突现状及原因，并从规划层面、运作层面、制度层面提出了针对苏南水网乡村生态建设空间利益冲突的调控策略[51]。涂圣伟认为工商资本参与乡村振兴既要让企业“有利可图”，又要保障农民利益不受侵害，关键要建立合理的利益联结机制[52]。马良灿等总结了乡村建设所形成的“烟台经验”，强化村党支部尤其是党支部书记的关键作用，主张以发展新型农村集体经济为导向，通过利益联结实现社会整合[53]。王春光指出乡村建设需要多元利益链接、分享，需通过构建利益共享机制来实现多元主体参与乡村建设[5]。

1.3.7　研究评述

基于绿色宜居、利益相关者和社会网络视角对村镇建设的相关研究，可以看出以下几点。

1. 聚焦于绿色宜居村镇建设的研究不断深入

国内外学者基于绿色宜居视角对村镇建设的研究，主要集中于土地利用、基础设施建设、绿色住宅建造等方面。具体包括：总结村镇住宅建设的共性问题，构建绿色宜居村镇住宅建造的技术框架、搭建绿色宜居村镇人居环境建设的内容框架、建立绿色宜居村镇建设基础设施配建体系、预判绿色宜居村镇未来发展趋势、总结田园综合体工程管理的选择模式等，因而基于绿色宜居视角下的村镇建设研究得到不断深入。

2. 亟待转换利益相关者理论的研究视角

当前利益相关者理论在村镇建设领域的应用基本集中在乡村旅游、古村落保护、农村土地利用等方面，研究主要着重于对核心利益相关者之间的关系分析，而忽视了次要以及外围利益相关者之间的关系，缺少从网络的整体视角去研究利益相关者之间的关系结构和作用机理。绿色宜居村镇建设利益相关者所承担的任务不再是传统意义上的住宅建造、基础设施完善及人居环境的改善，而是涉及村镇建设的乡村规划、产业发展、农房修造、基础设施配建、公共服务设施完善、文化传承、环境改善等更广义的内容。

3. 有待加深对村镇建设利益相关者的分析研究

不同建设时期及不同建设项目的利益相关者角色、数量也各不相同，此外，利益相关者之间的利益需求和矛盾冲突复杂多样，运用知识图谱法、多维细分法、角色联动矩阵法等无法对多种影响因素进行深入、全面的探讨。绿色宜居村镇建设利益相关者存在于更为复杂的网络中，数量庞大且角色多变的利益相关者，通过资金、资源、信息的交换，从而形成庞大的社会关系网络，直接影响着绿色宜居村镇建设。有待于加深对村镇建设利益相关者的分析研究，进一步挖掘其关系网络特征，以推进绿色宜居村镇建设的有效运行。

4. 开展重塑多元共享的建设利益共同体研究

当前关于利益相关者识别、关系分析和作用机理的研究较多，但如何构建纷争处理机制，做好利益配置，实现发展共享，是当前绿色宜居村镇建设首先要面对的挑战。在考虑利益相关者主体和利益的多元化情况下，如何兼顾国家资源的配置、各级地方政府的支持、村民的投入和收益、相关企业的投入和收益、村干部的追求和获得乃至社会组织的追求和实现等各方面的利益诉求，构建差异化的多元利益共享机制成为一个现实而紧迫的课题。

1.4 研究内容、方法及技术路线

1.4.1 研究内容

通过对人地关系协调、人居环境科学、利益相关者、社会网络等理论的分析研究，以某个典型村镇作为研究区域，基于社会网络视角，构建绿色宜居村镇建设利益相关者的社会网络关系模型，对其网络特征进行指标评价，分析利益相关者的关系结构和作用机理；将社会网络分析法与引力模型相结合，构建绿色宜居村镇建设利益相关者的引力强度模型，探索利益相关者对村镇建设发展的影响因素，并对利益相关者提出总体对策与差异化路径，协调各建设利益相关者之间的矛盾冲突；搭建多元化利益共享机制，以推进绿色宜居村镇的建设进程。基于以上研究思路，本著作分为八章，各章的主要内容如下：

第1章 绪论。主要包括四个部分的内容：研究背景与问题的提出，研究目的与意义，国内外研究现状，研究内容、方法及技术路线。这是全书的一个整体框架。

第2章 基本理论与研究区域概况。主要包括三部分内容：一是基本概念的界定，主要是对村镇、绿色宜居村镇、社会网络分析法、利益相关者的概念进行界定；二是理论基础，主要是对课题研究的基础理论概述；三是研究案例区域概况，主要是对长沙县浔龙河村地理位置、土地人口、自然资源以及历史文化的具体介绍。

第3章 基于利益相关者的国内典型村镇建设案例分析。介绍了五种基于利益相关者的国内典型村镇建设案例：多元主体共商基层德治的“赤坎模式”、多元主体参与的陆巷村旅游开发模式、绿城支持龙村建设的社会组织主导模式、“鱼跃”村落市场化运营的企业主导模式、声望引导下湖村的乡贤主导建设模式，得到的启示：村镇建设需要突出各多元主体在充分发挥个体能力的基础上，发挥多元主体协同合作的整体意义，同时也要尊重农民的主人翁地位。

第4章 村镇建设利益相关者的识别与分析。主要包括四个部分：一是村镇建设利益相关者识别，直接识别是通过文献分析确定出九大类利益相关者，间接识别主要是构建利益相关者三维识别模型，确定村镇建设的具体利益相关者；二是浔龙河村调研数据的处理；三是村镇建设利益相关者利益需求分析，主要是对九大类主要利益相关者的利益需求进行分析；四是对村镇建设利益相关者之间的利益矛盾开展分析。

第5章 村镇建设利益相关者社会网络分析模型。主要包括四个部分：一是社会网络分析法（social network analysis，SNA）概述与应用，主要是概述社会网络分析法，介绍计量模型相关指标和应用软件；二是构建村镇建设利益相关者的社会网络模型，主要是构建浔龙河村建设利益相关者的网络关系矩阵以及绘制社会网络结构图；三是从个体网络和整体网络两个层面出发，对浔龙河绿色宜居村镇建设的利益相关者关系网络进行指标评价；四是实证结果与分析。

第6章　村镇建设利益相关者利益关系协调研究。主要包括两个部分：一是村镇建设利益相关者引力模型的构建，主要是将社会网络分析法与引力模型相结合，构建出村镇建设利益相关者的引力强度模型；二是村镇建设利益相关者的关系结构优化，主要是对村镇建设利益相关者提出总体对策与差异化路径。

第7章　村镇建设多元共享利益共同体的构筑。通过构建多元利益共同体，创新利益共享机制来实现绿色宜居村镇建设的多元主体参与乡村建设，其主体是多元的，包括村民、村委会、地方政府、新乡贤、外来投资者和经营者及游客、媒体、咨询研究机构等。利益也是多元的，分为经济、社会、环境利益等。多元利益共享机制也是多样化的，既包括共享公共利益，也包括共享租金与使用利益，又包括共享劳动与管理利益，还包括共享社会志愿服务和社会慈善。

第8章　结论与展望。主要包括两个部分：一是研究结论；二是本研究的不足并对今后的研究方向进行展望。

1.4.2　研究方法

1. 文献研究法、理论演绎法

通过对人地关系协调理论、人居环境科学理论、利益相关者理论、社会网络理论等相关内容的研究学习，梳理出与绿色宜居村镇建设相关的研究内容，确定可行的研究条件和方法，建立整体研究框架，为下一步深入研究奠定坚实的理论基础。

2. 问卷调查法、访谈法

运用问卷调查法、访谈法对绿色宜居村镇建设的参与者进行实地调研。建设者由于参与村镇建设的具体项目，对实际情况比较了解，能够比较准确、详细地提供与之有利益关系的其他村镇建设参与者名单。采用线人法对多个村镇建设者进行长时间的访谈和接触，记录两两之间的联系内容，利用滚雪球的方式，即可识别出绿色宜居村镇建设的参与者。识别村镇建设参与者是构建利益相关者社会网络模型的基础。

3. 社会网络分析法

基于村镇建设利益相关者之间的关系强度矩阵，利用社会网络分析法，构建利益相关者的社会网络模型，并从个体和整体两个网络维度，对绿色宜居村镇建设利益相关者的关系展开分析评价。

1.4.3 技术路线

首先，提出基于社会网络分析法的绿色宜居村镇建设利益相关者研究的问题；然后采用文献研究和理论演绎的方法对人地关系协调、人居环境科学、利益相关者、社会网络等理论进行深入研究；再在分析问题时，结合理论演绎、问卷调查和实地访谈等方法，通过直接识别和间接识别确定村镇建设的利益相关者，并对各利益相关者的利益需求和矛盾冲突进行分析；接着基于社会网络理论，构建村镇建设利益相关者的社会网络模型，从个体网络和整体网络两个层面，对其利益相关者进行指标评价，并将社会网络分析与引力模型相结合，构建村镇建设利益相关者的引力强度模型，探索建设利益相关者之间的关系结构和作用机理；最后得出研究结论，对村镇建设利益相关者提出总体对策与差异化路径，构建多元利益共同体，创新利益共享机制，以此实现绿色宜居村镇建设的多元主体参与乡村建设。绿色宜居村镇建设利益相关者研究技术路线具体如图1-2所示。

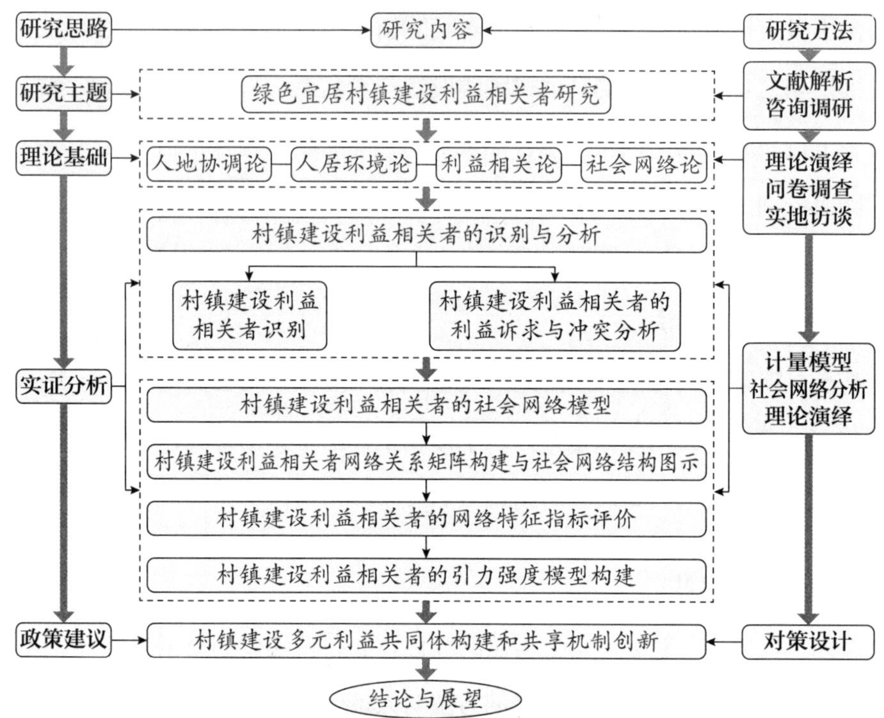

图1-2　绿色宜居村镇建设利益相关者研究技术路线

第2章　基本理论与研究区域概况

2.1　基本概念

2.1.1　村镇

在城乡二元经济社会结构下，我国的村镇和城市是两个相对概念，村镇即非城市化的地区。我国的《镇规划标准》等相关规定对城、镇、村等范围的界定作出了明确的说明[54]（图2-1）。

《镇规划标准》（GB50188—2007）	《统计上划分城乡的规定》（国务院函〔2008〕60号批复）
镇：　经省级人民政府批准设置的镇。 镇域：镇人民政府行政的地域。 镇区：镇人民政府驻地的建成区和规划建设发展区。 村庄：农村居民生活和生产的聚居点。 镇域镇村体系：镇人民政府行政地域内，在经济、社会和空间中有机联系的镇区和村庄群体	我国的地域划分为城镇和乡村。 ◎城镇包括城区和镇区。 城区是指在市辖区和不设区的市，区、市政府驻地的实际建设连接到的居民委员会和其他区域。镇区是指在城区以外的县人民政府驻地和其他镇，政府驻地的实际建设连接到的居民委员会和其他区域。 ◎乡村是指本规定划定的城镇以外的区域

图2-1　我国标准法规对村镇范围的界定

（图片来源：由《镇规划标准》和《统计上划分城乡的规定》总结）

村镇设置综合考虑了自然聚居和行政管理因素，不同标准法规对村镇范围的界定有所不同，村镇是区别于城市的具有独特自然风貌、生产、生活方式的地域综合体[55]。根据以上标准和规定，本书所研究的“村镇”包括村庄（自然村和行政村）、集镇、一般建制镇（县城关镇、中心镇以外的建制镇）。县城关镇、中心镇是已建设完成的，具有区位优势，经济、基础设施相对完善的“小城市型”建制镇，故在此不作研究。

2.1.2 绿色宜居村镇

目前对于“绿色宜居村镇”的概念，国内外相关学者还没有明确统一的定义。可参考“美丽乡村”的定义，在《湖南省美丽乡村评价规范》(DB43/T 2270—2021)中，美丽乡村是指经济、政治、文化、社会和生态文明建设“五位一体”，集中体现规划美、产业美、环境美、风尚美、治理美和生活美的“六美”的可持续发展乡村(包括单个行政村和多个自然村共同构成的自然地理单元)。

“绿色”指以人为本、节约资源、保护环境，实现经济社会的可持续发展。当今社会，“绿色”俨然已经成为一个新的发展趋势，众多国家将绿色建筑、绿色城市、绿色交通、绿色产业等作为可持续发展的重要措施[56]。“宜居”作为“村镇”的主要特征，指经济、社会、文化、生态协调发展，衣、食、住、行、购物、交往、娱乐等诸多方面，均满足人们的物质和精神需求，适合乡村居民生活。

故以“村镇”为主体，以“绿色宜居”为特征，将“绿色宜居村镇”定义为：以村镇地域范围(村庄、集镇、县城关镇及中心镇以外的建制镇)为研究区域，将“绿色宜居”作为建设目标，综合考虑经济、社会、文化、环境等各方面内容，达到资源集约、环境友好、住房舒适、人居优美、生活便利、办事便捷、交往方便等较高标准，建成统筹兼顾经济、社会和生态效益的可持续发展新村镇。

2.1.3 社会网络分析法

1930年，国外的社会学、管理学学者通过对社会网络的深入研究提出了社会网络分析法[57]。社会网络分析法是一种重要的社会关系研究方法，它通过对团体中不同个体的研究，分析不同个体之间的关系结构和作用机理。目前，社会网络分析法并不局限于社会学和行为学的研究，而广泛应用于建筑学、规划学、管理学等多个学科之中。

2.1.4　利益相关者

自斯坦福研究所（Stanford Research Institute，SRI）于1961年提出利益相关者理论，爱德华·弗里曼（Edward Freeman）对其进行定义，即：利益相关者是影响一个组织实现其目标的所有个人或团体[58]。在绿色宜居村镇建设中，“村镇建设利益相关者”指与村镇建设活动利益相关的一切个人或团体，包括村民、村委会、外来访客、政府组织、开发商、非政府组织、媒体等。村镇建设利益相关者的关系网络密切影响着绿色宜居村镇的建设。

2.2　基本理论

2.2.1　人地关系协调理论

人地关系协调理论是从人地关系理论中衍生出来，并在这一理论基础上不断完善和发展的。人地关系理论有着漫长的发展历程，春秋战国以来，我国学者对人地之间的关系就有着众多观点，此时的人地观主要关注人类生存活动与周围自然地理环境之间的关系，直至20世纪60年代，协调论的新观点进入人们的视野，他们开始关注人类生产活动与自然地理环境之间的关系。随着时代的发展，协调论的内涵也在不断变化和扩展，特别是可持续协调发展等理念的提出，极大地丰富了人地关系协调论的内涵和理论体系。赵荣斯等认为，人地关系协调论是研究人与自然和谐共处、反馈与约束机制、利用与协作模式、发展与协调关系的规律科学，其研究涉及众多学科，如自然、人文、地理和工程技术等[59]。人地关系协调理论强调，在人类进行生产和社会活动时，人们对自然环境的改造和利用必须遵守自然规律，才能实现人类和自然的和谐共处。人地关系协调理论的研究方法已经广泛应用于人地关系协调和区域发展探索，用来解决不同层次的区域空间协调问题。

绿色宜居村镇建设注重资源配置的科学有序，以实现村镇经济、社会和生态环境的协调可持续发展。绿色宜居村镇中的人居环境作为物质和空间资源影响着村镇的建设发展，研究人地关系协调论是建设绿色宜居村镇的基础。在绿色宜居村镇建设中，“人”是指具有改造、利用、保护自然环境的村民以及村镇规划、开发建设和管理的其他参与者，“地”是指人类进行生活及生产活动的自然地理环境和人文环境，是村镇建设发展的基础条件和空间载体。绿色宜居村镇建设的最终目的是要实现人地和谐发展，协调村镇建设参与者与自然生态环境之间的关系，以建立良性的村镇循环发展系统。

2.2.2 人居环境科学理论

20世纪50年代，道萨迪亚斯在结合自然生态环境和人类居住环境的基础上，提出了“人类聚居学”，创造性地把城市规划、建筑设计、环境规划、工程技术等学科相结合，把人、自然、社会、建筑、网络作为人居环境的五大基本元素，将村庄、乡镇、城市等人类聚居的区域作为一个整体进行系统研究。人类聚居学理论作为一种新型的综合性理论，对建筑学与规划学科的发展有着重要影响[60]。吴良镛先生受道氏“人类聚居学”的启发，考虑到人类聚居学理论并不能完全适用于中国国情，融合了规划、建筑、地理三大基础学科，于1993年提出了“人居环境科学”，构建了中国式人居环境研究方法。此方法广泛应用于我国的地理学、建筑学、规划学以及景观生态学的研究中，并且取得了相当多的研究成果，研究视角也不仅仅局限于建筑人居环境的研究，而是容纳多领域、多专业、多方向，注重多学科的交叉研究，以丰富人居环境科学理论的研究成果[61]。

相较于城市人居环境科学研究，村镇人居环境的研究起步晚、关注度小。随着乡村振兴战略的提出和乡村建设的实践，规划学、建筑学、地理学、生态学等相关学科对村镇建设的研究不断深入，绿色宜居村镇、美丽乡村、生态村镇等新兴建设理念逐步涌现。绿色宜居村镇建设是人居环境科学理论的重要实践。因此，基于人居环境科学理论研究绿色宜居村镇建设的利益相关者，对村镇人居环境的提升具有重要指导意义。

2.2.3　利益相关者理论

19世纪欧美国家流行“股东中心论”，强调企业经营的目的是实现股东利益的最大化。直至冷战时期美国在与苏联的博弈中处于劣势地位，追求股东物质资本利益最大化的“股东中心论”理念开始没落，“协作、合作”的经营理念开始进入人们的视野，相关学者提出了以实现共同利益为目标的经营模式，利益相关者理论也随之产生。摩根·弗里曼在其对利益相关者管理分析的书中强调，企业的经营状况和各利益相关者之间存在着互动关系，是相互影响的。在之后企业的经营管理中，摩根·弗里曼的观点逐渐被大众认同，即：企业应基于社会责任和道德，协调平衡不同利益相关者之间的关系，注重管理层与利益相关者之间的双向互动。20世纪60年代以来，利益相关者理论被广泛应用于建筑学、生态学、管理学等研究领域，逐步建立起完善的理论体系。

在绿色宜居村镇建设中，不同利益相关者基于自身角度，力求实现利益的最大化，正确处理多个利益相关者之间错综复杂的利益关系和矛盾冲突，将直接影响绿色宜居村镇建设的进程。因此基于利益相关者理论，识别参与绿色宜居村镇建设的利益相关者，对加快绿色宜居村镇的建设进程至关重要。

2.2.4　社会网络理论

1930年社会网络理论产生，直到1960年才逐渐成熟，其核心理论主要为：强弱连结、社会资本、结构空洞。强弱连结指连结的强度，有强连结和弱连结之分；社会资本通常代表个人或者群体的社会关系，决定其社会地位与社会价值；结构空洞即结构洞，指主体拥有的结构洞越多，其拥有的社会资本越多。刘军认为，社会是一个复杂关系网的存在，共同的利益目标驱使社会行动者之间形成了社会网络集合[62]。其中，“关系”是指社会行为者之间的行为联系，包括行动者双方的社会往来关系、利益往来关系、贸易往来关系等；“社会行动者”不仅可以是一个群体、团体、企业，还可以是一个单独个体；“社会网络”指由不同社会行为者之间复杂联系所构成的稳定的关系结构。

绿色宜居村镇建设的利益相关者构成了一个较为典型的社会网络集合。基于社会网络理论，研究者采用社会网络分析法，研究村镇建设利益相关者的关系网络结构，通过关系数据和数理模型，来计算村镇建设利益相关者的关系模式，对利益相关者之间的关系进行可视化分析，构建绿色宜居村镇建设利益相关者的社会网络模型，进而协调不同利益相关者之间的利益关系，使其形成合力，构建多元共享的利益共同体，协同推动绿色宜居村镇建设。

2.3 研究区域概况

村和镇的建设是一个动态发展的过程，镇是由一定聚居规模的村建设发展而来的，因此本研究选取最基础的村作为研究区域，关于绿色宜居村镇建设利益相关者的社会网络研究方法同样适用于镇的建设发展。由于国内外相关学者对“绿色宜居村镇”尚无明确统一的定义，现阶段研究的绿色宜居村镇案例多从美丽乡村范畴选择，长沙县浔龙河村曾获评“全国生态宜居示范村”“第五届全国文明村镇”“节能建筑推广村”等荣誉，故在此以浔龙河村为例，研究建设利益相关者对浔龙河村绿色宜居村镇建设的影响因素。

2.3.1 地理位置

2009年，浔龙河村启动了生态艺术小镇的项目建设，经过数年努力，其终于摆脱了“贫困、闭塞、落后”的标签，从省级贫困村到全国特色小镇，成功开创了城郊融合型乡村振兴改革样本的新典范。该村坐落于长沙县果园镇，地处长沙县经济核心区的东北部，是长株潭都市圈和长株潭旅游圈的重要组成部分。该村距离长沙县城区12千米，车程约15分钟；距离长沙市区22千米，车程约25分钟；距离黄花国际机场19千米、长沙高铁站36千米，车程均在30分钟以内。浔龙河村区位优势明显，交通十分便利（图2-2）。

图2-2　浔龙河村鸟瞰图

2.3.2　土地人口

该村土地总面积约为772公顷，其中，林地约443公顷、水塘约13.13公顷、耕地约78.47公顷、宅基地约38.20公顷、公共道路约34.13公顷、其他用地约164.80公顷；村庄共有13个村民小组，户籍人口1 562人，共472户。浔龙河村山水相间，地形地貌复杂，整体呈现出“山地多、水体多、耕地少、人口少”的典型特点。

2.3.3　自然资源

该村属于亚热带季风性湿润气候，雨水充沛、热量充足、气候较为温和；村内的土壤主要为红壤土和水稻土，土壤肥沃、耕地连片、山水环绕，适于农业产业化、规模化经营；村内自然资源丰富，山水秀美、竹林成片、峰林重叠；水系特别发达，浔龙河与麻林河、金井河三条河流相互交织。优美的自然环境和丰富的特色资源为现代生态农业、农事体验、全域旅游、农产品加工等农业产业链的形成和发展提供了较为坚实的保障。

2.3.4 历史文化

浔龙河村拥有华佗庙、关帝庙、拖刀石等众多历史古迹，长篇小说《浔龙河传奇》汇集了众多该村村民口口相传的动人故事，在浔龙河生态艺术小镇不足10平方千米的土地上，蕴含着中华民族优秀的传统文化和宝贵的精神财富，为湖湘文明的生生不息、发展壮大提供了丰厚滋养，形成了独特的浔龙河民俗风情（图2-3）。

图2-3　长沙县浔龙河生态艺术小镇的建设实况

2.4 本章小结

本章包含三个方面内容：一是本书中所涉及的相关概念解释。结合相关法规标准，对村镇的范围进行界定，然后分别解释了绿色宜居村镇、社会网络分析法、利益相关者等的基本含义。二是本书研究的理论基础，即对人地关系协调理论、人居环境科学理论、利益相关者理论、社会网络理论的研究分析。三是研究区域概况的介绍，分别对长沙县浔龙河村的地理位置、土地人口、自然环境、历史文化进行了详细介绍。

第3章　基于利益相关者的国内典型村镇建设案例分析

3.1　多元主体共商基层德治的“赤坎模式”

经过多年的积极探索，广东省开平市赤坎镇通过引进深耕开平多年的规划设计师、侨乡艺术建造家和本土乡村工匠团队，联合当地村和村民，共同参与到小公园、旅游厕所、“四小园”等乡村建设工作中，形成了多元主体共商基层德治的“赤坎模式”。“赤坎模式”的亮点主要体现在三个方面：一是规划设计师进行本土化、动态化的图纸设计；二是侨乡艺术建造家带领乡村工匠进行与乡村生产和生活需求相结合、与村民艺术审美特质相符合的创意施工；三是政府在现行规范下创新施行规划设计施工一体化外包的合作通道与组织设计。

在新一轮示范带建设中，赤坎镇以尊重本土文化、保留原生风貌为大前提，运用“政府主导 + 侨匠主创 + 社区参与 + 群众为主”的工作模式，采取本土工匠、材料、技艺建设家园的做法，积极融入商户与住户的建设意见，科学谋划规划设计、项目招标、报建审批、施工管理、验收考核等各个工作环节。由于项目建设涉及多个主体，不同主体关注点不一样，要得到群众和商铺业主的支持，关键还要了解各方主体的需求。工作人员为此花了三天时间去深入了解示范带范围内住户和商户的意见。在初步了解需求后，镇政府制定了入户宣传手册、项目协议书、入户情况反馈表等配套文件。其中，入户宣传手册中清晰地说明了项目背景、项目意义及改造效果，并列出了二十问二十答，针对民众和业主关心的问题作出了回答；项目协议书则作为示范带建设的重要依据之一；示范带的设计也根据入户情况反馈表的合理需求进行适当调整。材料准备充分后，工作人员正式开始入户走访。为了打消各方主体的顾虑，他们坚持户户上门，家家征求意见，以“零距离”方式用心服务好民众。经过一周的入户工作，示范带所涉及的63个住户、商户及厂房等主体，大多签下了项目协议书，签约率达到99%。工作人员以“零距离服务”，把群众的意愿、需求和智慧融入基层治理全过程，使示范带建设获得了坚实的民心保障。为了保障项目的顺利推进，该地还建立了全过程动态管控机制，开展每日现场巡逻、每周进度上报等工作。在施工过程中，每当乡村工匠根据施工现场实际进行即时创作时，政府工作人员都会与设计顾问在现场交流探讨，保障施工兼顾安全性与创意性；遇到群众因店面被遮挡或出行不便而不满时，工作人员总是耐心地解释，安抚群众，争取群众的支持和理解；施工遭受恶劣天气影响时，工作人员以施工人员的安全为先，合理安排施工，并制订应急方案。为了精准地掌握施工进度，在施工队伍提供进度信息的基础上，工作人员还会一栋栋房屋去巡查核实、拍照留档，并以此作为决策调整的依据。同时，镇政府还谋划建成后示范带的日常维护方案，同步建立健全监督举报渠道，及时听取群众的意见与建议，探索共治、善治、长治的路径，打造出一个具有侨乡特色、环境美好、商业活力迸发的绿色宜居新家园。

3.2 多元主体参与的陆巷村旅游开发模式

苏州市吴中区东山镇陆巷村，成为苏州第一个以不同层级政府为主导，与民间资本合作，村民以明清古建筑入股的方式进行开发保护的乡村，该模式符合多元主体参与的特征。政府、旅游企业、村民是乡村旅游业中最主要的利益相关者[63]。陆巷村的旅游开发涉及政府、旅游开发公司、社会人士、村民四类参与主体。陆巷村主要由东山镇政府设立的古村旅游发展有限公司组织，同时充分调动社会力量，引入部分民间资本，村民在政府的支持下，有较大的自主经营权，成为农家乐开发的主体。在“市－镇－村－民间资本”多级联合的开发模式主导下，陆巷村的建筑、空间、环境、景观有了显著的改善。

政府作为管理与决策机构，有责任保护古村落的历史文化遗产，改善乡村的人居环境和提高村民的生活水平。在市级层面，苏州市政府成立了古村落保护和利用领导小组，负责考察古村落的保护现状并提出考评意见；在区级层面，吴中区政府制订了陆巷村的保护规划，并与东山镇政府对“一街六巷”两侧的路面及民居进行了改造[64]；在镇级层面，东山镇政府成立了东山镇古村落管理办公室和苏州东山陆巷古村旅游发展有限公司办公室；在村级层面，陆巷村内成立了陆巷古村村委会，由其负责管理村民的日常生活、调解矛盾以及人员调配，并对陆巷村的保护进行宣传和监督。综上所述，苏州市、吴中区、东山镇政府及村委会都对陆巷村的旅游开发起到了很大的作用，但是从投资情况来看，镇政府起主导作用。在当前市场化的背景下，政府对旅游公司注入资金，公司抵押资金并向银行贷款，再利用陆巷村传统地域资源的使用价值不断开发改造以获取经济收益，最后将获得的收益用于还款，以此来推动陆巷村的旅游发展。旅游公司主要负责收取和支配景区门票，管理维护景区的基础设施和景观环境以及提供调配相关服务设施和工作人员。旅游公司还受政府委托负责审批农家乐的开设，对村民改造翻建自家建筑的行为采取一系列管控措施，以保证农家乐建筑与陆巷村整体建筑风貌一致。在陆巷村的旅游开发中，社会人士出于文化保护使命感也会在政府的组织下参与古建筑的保护修缮工作。如2001年，苏州市民许氏夫妇出资千万元购买并修缮了宝俭堂；2013年，苏州市成立了以民间资本注资的苏州守溪文化旅游产品开发有限公司。除此之外，吴中区政府还邀请古村落保护专家为古村落的保护提供理论支持和技术支撑[65]。村民是古村落文化的见证者，也是参与旅游开发的重要主体[66]。在开发过程中，村民既是开发者又是被开发者。一方面，当前陆巷村部分古建筑为私人所有，拥有古建筑产权的村民可以在政府的支持下以古建筑入股，与政府企业合作，共同开发修缮古建筑从而获取旅游收益；另一方面，政府鼓励村民开设农家乐，村民不仅可以将自己的房屋改建成旅馆，还可以向游客出售自己种植、养殖的农副产品。除此之外，村民还会协助村委会进行古村落的保护与开发，监督举报不法行为。综上所述，陆巷村旅游的可持续发展有赖于村民的积极参与和配合，而收入渠道的拓宽也进一步提升了村民参与旅游开发的积极性。

3.3 绿城支持龙村建设的社会组织主导模式

绿城充分发挥了其作为成熟社会组织独具的乡村发展实践能力与经验，从贵州省龙村的人文习俗、历史沿革、产业经济和生态资源的角度出发，梳理了该村所具备的自然优势与文化优势，并制定了系统的村镇建设规划，从产业扶持、社区营造和培育乡村社会组织三个方面推进龙村的发展。

绿城在支持村镇建设过程中有两大明显优势：第一，强大的资源动员网络和动员能力，与村镇建设不同主体之间形成了功能替代与互补的关系。在参与村镇建设行动的过程中，绿城与其他行动主体包括村庄外围的政府、企业等资源提供者以及村庄内部的村委会、村民等之间保持着密切的互动关系，从而形成了强大的资源动员网络。一方面，绿城具备的与政府主体谈判、协商与协同的能力，使其充分利用了政府在基础设施建设、政策与制度支持方面的作用，为龙村村镇建设行动打好硬件基础、创设好政策环境。另一方面，作为社会组织，绿城为当地政府解决脱贫攻坚与乡村振兴难题成功链接了必要的社会资源，这既弥补了政府资源支持的不足，也解决了企业慈善资源有效利用的难题，践行其“探索和推动以社会创新的方法解决社会问题”的使命，开拓了一条将本土资源与外来支持有效链接的乡村建设典范之路。第二，尊重农民的主体性，注重乡村社区内在活力的重建。绿城在解决贫困等社会问题的过程中注意人与人、人与社会和人与自然的关系，实现了社会发展的可持续性和公益事业的可持续性，龙村在村镇建设行动启动之初就设计了人才挖掘培养与组织培育行动，这弥补了村庄自身在人才培养方面的不足。同时，人才培养与组织培育的基础离不开本土产业的发展，为此，龙村村镇建设行动的切入点是发展以传统苗家习俗和农民美好生活方式为基础的文旅产业，从而实现产业带动、文化激活、教育帮扶、组织培育、人才振兴等一系列行动，最终形成立体化的乡村建设模式。

3.4 “鱼跃”村落市场化运营的企业主导模式

2017年以来，通过面向社会招引企业运营商，政府负责基础设施服务和监管考核，使企业真正成为浙江金水村运营与发展的主角，它全面介入区域发展规划、招商引资、产品开发、旅游营销、日常运营等工作中。这较好地解决了美丽乡村经营主体的问题，激发了市场无形之手的决定性作用，更好发挥了政府有形之手的作用，走出了新时代乡村振兴的新路子。“鱼跃”三村首创“村落景区市场化运营机制”，村落景区运营面向社会招引运营商，以图实现乡村与市场的结合。在双方互相选择的基础之上，松林农业发展有限公司与乡镇签约，成为“鱼跃”村落景区的运营商。

在“鱼跃”村落景区的建设过程中，企业、政府以及村集体之间保持着密切的联系。各种资源和要素能在各主体之间自由汇聚和分散，没有因为某一主体的过分强大而遭受阻断。一方面，政府通过“项目申报”的方式为企业提供村落景区运营和建设所需的工程项目及配套经费，再由企业将工程项目直接交由村集体公司招标实施，为村落景区运营和建设提供了政策和资金上的巨大支持；另一方面，企业自身也可以作为各种资源和要素的引入者，推动资源和要素向多种方向流动。例如，企业通过发挥自身在传媒宣传方面的特长，与政府旅游部门或村集体合作对外进行旅游资源推介，吸引各种项目、资金、人才进入村落景区。

3.5 声望引导下湖村的乡贤主导建设模式

距离义乌市区较近的湖村村支书2008年返乡后，带领乡贤，通过整合自身和政府资源，着力打造乡村文化和多元产业，使湖村走上了以城乡融合为导向的乡村建设道路。

乡贤返乡参与乡村建设具有两个优势：其一，乡贤具有血缘和地缘优势，他们利用自身的声望和对村庄的了解，能有效实现乡村从“人”的建设到“物”的建设。乡贤主导下的乡村建设路径更加注重传统文化的传承和农民主体性的彰显。乡贤资本附带着情怀要素，甚至不求回报地通过地产业或公益活动来实现村集体经济的发展和村民生活水平的提升，比如湖村晨读的免费早餐和薰衣草庄园的建设均有乡贤参与入资；乡贤更重视乡村建设的在地性与多元化打造，同时，乡贤在村庄社会关系中的威望也能够更好地引导村民有效联结，形成乡村建设的利益共同体。其二，乡贤本身具有整合城乡资源的禀赋，他们既能将原先在城镇积累的社会资本和物质资本运用于乡村建设，也可以利用其在本地的声望，合理地使用乡村资源，引领乡村走向城乡互融型的建设道路。一方面，湖村的村支书以乡贤身份返乡后，他将自己多年从商积累的资金和社会资本投入乡村建设，同时说服部分在城镇退休的教师返乡参与村庄文化建设。另一方面，为吸引城市工商资本进入村庄振兴产业，乡贤可以根据本村实际情况，动员村民出租闲置的宅基地用于发展民宿、教培和餐饮等产业，实现了乡村资源的有效利用。同时，湖村培训了村内近50名妇女作为乡村生态游客接待中心的储备服务人员，这既解决了村内部分劳动力闲置的问题，提高了村民收入，又激发了乡村的活力。

3.6 本章小结

通过上述五种基于利益相关者的国内典型村镇建设案例分析，可以得出：

在建设主体方面，是多元化的，应兼顾各利益相关者的合理诉求；在对待村镇建设的主体作用方面，既不能过度强调政府在村镇建设中的主导作用，也不能一味强调乡贤、企业和非政府组织等主体在村镇建设中的独立性；在实践路径上，既不能全部依赖于政府层面的行政手段，也不能完全将规划建设的全权交付政府以外的其他主体。因而村镇建设需要突出多元主体在充分发挥个体能力的基础上，发挥多元主体协同合作的整体意义，同时也要尊重农民的主人翁地位。

第一，多元主体协同合作与利益共享机制是推动村镇建设的合理机制。随着乡村振兴的深入发展，村镇建设的开放性增强，多元主体融入村镇建设的复杂性和个体化特征日趋明显，这在客观上要求我们厘清利益相关者，即多元主体合理、有序地参与村镇建设的路径与效能，进而制订绿色宜居村镇建设的可行性方案。村镇建设需要协同发挥不同主体的优势作用，如乡贤群体的乡土动员能力、各级政府的政策支持力度、非政府组织的资源动员能力与丰富经验、相关企业对接市场的能力等，推动村镇建设进程中的多元主体协作与利益共享机制的建构，通过对相关利益者的功能整合，实现村镇建设资源的最优化配置。

第二，激发农民的参与意识和建立合理的利益共享机制，是发挥农民在村镇建设中主体性、主人翁作用的两个关键所在。村镇的居住者是农民，自古以来农民对各具特色的农业与农村的产生有着重要的影响，因此在绿色宜居村镇建设进程中，如果缺少农民主体的参与，就容易陷入那种“干部在干、群众在看”的困境。然而一方面，今天的乡村社会早已不是传统的熟人社会，农民之间的联结、农民与村镇的联结逐渐在减弱，因此应采用合适的方式、方法来激发农民的参与意识，让农民树立绿色宜居村镇建设的主人翁意识和责任意识。另一方面，在多元主体协同合作的村镇建设中，农民获得实实在在的利益是决定其提高参与意识的关键所在，因此需要构建一种合理的利益共享机制，增强农民在绿色宜居村镇建设中的获得感，确保村镇建设的实效性与可持续性。

第4章 村镇建设利益相关者的识别与分析

4.1 利益相关者识别

4.1.1 建立利益相关者三维识别模型

基于第1章文献研究中利益相关者的识别方法，我们运用直接识别和间接识别相结合的方法来确定绿色宜居村镇建设的利益相关者。通过对相关文献进行研究，我们采用直接识别的方法，确定了九大类绿色宜居村镇建设的利益相关者（表4-1），即村民、村委会、农村专业合作社、政府、非政府组织、乡镇企业、外来企业、金融机构、媒体机构。

表4-1 村镇建设利益相关者分类

建设者类别	建设者性质	建设者职责
村民	作为村镇建设的主体，村民是村镇建设的直接受益方。	利用自身拥有的劳动力、土地等资源要素，通过建设房屋来改善家庭居住环境，借助土地资源进行农业种植及产业经营
村委会	作为村民自治组织，负责村镇建设和发展的各种事项	负责组织和引导村民积极参与到村镇建设和农业生产中去，协调村镇建设工作，吸引各方投资
农村专业合作社	由农民自主成立的互助性经济组织	负责村内特色农副产品的生产、加工和销售
政府	指县级政府部门及乡镇政府，承担村镇建设的指导、监督和管理工作	承担政策引导，掌控村镇的建设方向和未来走势；为村镇的基础设施建设提供财政支持；对村镇的建设进行指导和监督，确保村镇的健康、有序发展
非政府组织	以科研院校为代表，作为村镇规划设计的专业引导和支持方	利用专业的设计理念和方法，对村镇空间进行合理规划，提升村镇的人居环境
乡镇企业	在本土成立的企业，参与村镇的生态开发和经济发展活动	参与发展和经营村镇的生态旅游，创建教育研学基地，投资农副产品的加工及农产品的销售

续表

建设者类别	建设者性质	建设者职责
外来企业	外部入资的企业，包括投资商、开发商等，是村镇建设的外部合作者	参与村内基础设施建设工程；村镇的投资开发，包括生态旅游开发、旅游配套设施的完善、合作办学等项目；投资康养建设等项目
金融机构	包括建设银行、农村商业银行、信用合作社等金融机构	为村镇建设提供信贷支持、产业扶贫、惠农补贴等资金支持
媒体机构	包括报纸、广播、电视台等媒体机构	作为村镇建设传播媒介，提高村镇影响力，吸引更多游客，推广乡村振兴建设经验，促进村镇经济社会发展

间接识别是结合问卷调查法、访谈法对绿色宜居村镇建设的具体参与者进行实地调研。建设者因参与村镇建设的具体项目，对村镇建设的实际情况比较了解，能够较准确、详细地提供与之有利益关系的其他村镇建设参与者名单。由此构建出绿色宜居村镇建设利益相关者的三维识别模型（图4-1），确定参与村镇建设的具体利益相关者。

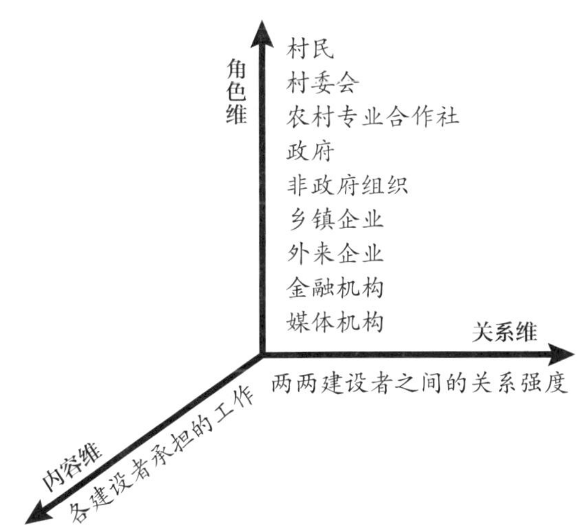

图4-1 绿色宜居村镇建设利益相关者的三维识别模型

（1）角色维。角色维是指村镇建设利益相关者的类别，包括村民、村委会、农村专业合作社、政府、非政府组织、乡镇企业、外来企业、金融机构、媒体机构九大类。

（2）内容维。内容维是指各建设参与者在绿色宜居村镇建设过程中所承担的工作内容。

（3）关系维。关系维是指两两建设参与者之间的关系强度。采用线人法对多个村镇建设者进行长时间的访谈和接触，记录两两之间的联系内容，利用滚雪球的方式，即可识别出绿色宜居村镇建设的具体利益相关者。

4.1.2 确定村镇建设利益相关者

确定村镇建设的具体利益相关者，具体可采用文献分析法和问卷调查法相结合的方式，充分考虑当地的实际情况，避免主观臆想判断，以达到识别工作客观全面的效果。本书采用问卷调查法、访谈法和线人法，对绿色宜居村镇建设利益相关者进行实地调研。

绿色宜居村镇建设利益相关者的确定具体包括以下三个步骤。

1. 村镇建设参与者信息数据的获取

本研究所需要的建设参与者信息数据，主要包括关系数据和属性数据。

（1）关系数据（relational data）：关系数据是指两两或多个建设者之间交往、来往、联络、联系、关联、接触、组成小团体或相互依附等方面的行为数据。在实地调研中，我们重点获取村镇建设中两两利益相关者之间交往的内容及往来的频繁程度。

（2）属性数据（attribute data）：属性数据是指被调查者的行为、态度、观点等方面的数据。在实地调研中，我们重点获取建设参与者在绿色宜居村镇建设过程中所承担的工作内容。

2. 村镇建设参与者的调查访谈

调查访谈工作需借助核心建设参与者对村镇建设发展了解的情况，确定其他绿色宜居村镇建设参与者，再逐一进行访谈。核心建设参与者由于参与了绿色宜居村镇建设的具体项目，对村镇建设的实际情况比较了解，能够比较准确、详细地提供与之有利益关系的其他村镇建设参与者名单。本书主要采用线人法对多个村镇建设者进行长时间的访谈和接触，记录两两之间的联系内容，并邀请他们作进一步的推荐，利用滚雪球的方式，直到没有新的被推荐者出现为止。

3. 村镇建设参与者的信息汇总

访谈内容主要包括具体的建设者名称、参与建设内容、相关参与者、往来频繁程度等，并填写绿色宜居村镇建设者调查问卷（表4-2）。

表4-2　绿色宜居村镇建设者调查问卷

访谈对象：　　　　　　　　　　访谈时间：

序号	建设者名称	参与建设内容	相关参与者	往来频繁程度
1				□ 1 较为疏远　□ 2 疏远　□ 3 普通 □ 4 频繁　□ 5 非常频繁
2				□ 1 较为疏远　□ 2 疏远　□ 3 普通 □ 4 频繁　□ 5 非常频繁
3				□ 1 较为疏远　□ 2 疏远　□ 3 普通 □ 4 频繁　□ 5 非常频繁

综上，在获取绿色宜居村镇建设参与者信息的基础上，梳理好各参与建设者之间的关系，并完成绿色宜居村镇建设者行为与关系汇总表（表4-3）。汇总表的具体内容包括建设者名称、建设者行为、建设者相互关系强度。其中，建设者之间的相互关系强度赋值为[0，1，2，3，4，5]，0表示无关系，1表示关系较为疏远，2表示关系疏远，3表示关系普通，4表示来往频繁，5表示来往非常频繁。在汇总数据的过程中，如果发现数据之间存在冲突，则进行进一步的核实和修正工作，以确保数据的准确性。最终，确定106个浔龙河村绿色宜居村镇建设的利益相关者（附录）。

表4-3　绿色宜居村镇建设者行为与关系汇总

建设者名称	建设者行为	相互关系强度

通过对案例村镇的深入调研和访谈，我们将村镇建设者分为9大类、106个利益相关者，这些数据是后续进行社会网络分析的基础。具体的关键数据包括：参与村镇建设者的名称、建设者行为以及建设者的相互关系强度（1表示较为疏远，2表示疏远，3表示普通，4表示频繁，5表示非常频繁）。

进行社会网络分析的前提条件是构建利益相关者关系矩阵。基于绿色宜居村镇建设者行为及关系汇总表（附录），构建多值关系矩阵（部分多值关系矩阵见图4-2）。矩阵的行和列完全相同，均为106个利益相关者，矩阵中的各要素为两两利益相关者的相互关系强度，用0、1、2、3、4、5表示，0代表对应的两个利益相关者之间没有联系（此矩阵不考虑各利益相关者与自身的关系），1代表对应的两个利益相关者联系较为疏远，2代表对应的两个利益相关者联系疏远，3代表对应的两个利益相关者联系普通，4代表对应的两个利益相关者联系频繁，5代表对应的两个利益相关者联系非常频繁。

矩阵	C1	C2	C3	C4	C5	C6	C7	C8	C9	C10	C11	C12	C13	C14	C15	C16	C17	C18	C19	C20
C1	0	2	2	2	2	2	2	2	2	2	2	2	2	2	2	2	2	2	2	2
C2	2	0	2	2	2	2	2	2	2	2	2	2	2	2	2	2	2	2	2	2
C3	2	2	0	2	2	2	2	2	2	2	2	2	2	2	2	2	2	2	2	2
C4	2	2	2	0	2	2	2	2	2	2	2	2	2	2	2	2	2	2	2	2
C5	2	2	2	2	0	2	2	2	2	2	2	2	2	2	2	2	2	2	2	2
C6	2	2	2	2	2	0	2	2	2	2	2	2	2	2	2	2	2	2	2	2
C7	2	2	2	2	2	2	0	2	2	2	2	2	2	2	2	2	2	2	2	2
C8	2	2	2	2	2	2	2	0	2	2	2	2	2	2	2	2	2	2	2	2
C9	2	2	2	2	2	2	2	2	0	2	2	2	2	2	2	2	2	2	2	2
C10	2	2	2	2	2	2	2	2	2	0	2	2	2	2	2	2	2	2	2	2
C11	2	2	2	2	2	2	2	2	2	2	0	2	2	2	2	2	2	2	2	2
C12	2	2	2	2	2	2	2	2	2	2	2	0	2	2	2	2	2	2	2	2
C13	2	2	2	2	2	2	2	2	2	2	2	2	0	2	2	2	2	2	2	2
C14	2	2	2	2	2	2	2	2	2	2	2	2	2	0	2	2	2	2	2	2
C15	2	2	2	2	2	2	2	2	2	2	2	2	2	2	0	2	2	2	2	2
C16	2	2	2	2	2	2	2	2	2	2	2	2	2	2	2	0	2	2	2	2
C17	2	2	2	2	2	2	2	2	2	2	2	2	2	2	2	2	0	2	2	2
C18	2	2	2	2	2	2	2	2	2	2	2	2	2	2	2	2	2	0	2	2
C19	2	2	2	2	2	2	2	2	2	2	2	2	2	2	2	2	2	2	0	2
C20	2	2	2	2	2	2	2	2	2	2	2	2	2	2	2	2	2	2	2	0

图4-2 部分多值关系矩阵

（图片来源：由 UCINET 软件输出）

4.2　调研数据处理

通过对国内外相关研究成果的深入分析，我们初步得出，绿色宜居村镇建设者的利益关系包括核心层和紧密层两个层次（图4-3）。

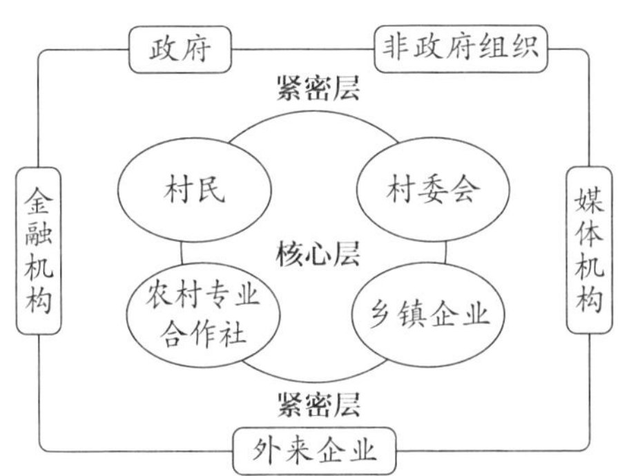

图4-3　绿色宜居村镇建设利益相关者的层次结构

核心层包括村民、村委会、农村专业合作社、乡镇企业；紧密层则包括有行使绿色宜居村镇建设主管和监督职能的政府（自然资源局、农业农村局、交通局、卫生健康局、民政局等）、外来企业（投资开发商和经营商）、非政府组织、金融机构与媒体机构（广告和传媒部门）等。

4.3　利益需求分析

4.3.1　村民的利益诉求

村民是绿色宜居村镇建设的直接受益者，其主要利益诉求是维护自身拥有的房屋、耕地等资源，并借助绿色宜居村镇的建设，尽可能增加生产、经营等获利机会。村民积极推动绿色宜居村镇的建设，通过经营民宿、农家乐、超市等，增加自身收入，提高生活水平。同时，由于参与建设主体复杂多样，也存在着影响村民利益的情况，此时村民会采用多种措施进行抵制，从而维护自身利益，获得额外的利益补偿。受“绿色宜居”理念的影响，村民越来越注重人居环境的改善和自身人生价值的实现，而这些都依赖于绿色宜居村镇建设和村民的努力。

4.3.2 村委会的利益诉求

村委会的利益诉求是要在确保村庄经济社会环境和谐稳定、人居环境优美完善的前提下，壮大村庄集体经济。一方面村委会需要贯彻中央和地方政府乡村振兴的相关政策，协调好村民、政府、企业之间的关系，确保绿色宜居村镇建设的顺利推进；另一方面在绿色宜居建设项目的实施过程中，村委会可以传递村民的建设诉求和建设意见，保障落地项目符合绿色宜居村镇建设的实际需求。与此同时，村委会成员也要做好互相监督和自我约束工作，避免因过度追求个人利益而影响整个绿色宜居村镇建设的进程。

4.3.3 农村专业合作社的利益诉求

农村专业合作社成立的直接目的是获取收益，带头村民通过成立农村专业合作社，销售大米、蔬果、蜂蜜、土鸡蛋等农副产品，可以小范围带动村镇经济发展，增加村民收入。

4.3.4 政府的利益诉求

镇级政府和各级政府主管部门的最大利益诉求是追求政绩，具体表现为通过发展乡村产业来振兴农村经济，既要保护耕地和生态环境，又要创造利税来源，解决当地就业难的问题，还要做好乡村治理、传承乡土文化等工作。政府主导绿色宜居村镇建设，为其提供资源支持，具体表现为：一是通过加大财政投入，完善村镇基础设施配套和公共服务配套建设，提高村民生活质量；二是政府部门指导绿色宜居村镇建设，为其寻找建设资金，寻求合作企业，推动村镇建设进程；三是政府部门监督建设项目的推进，对不符合“绿色宜居”要求的村镇建设项目进行整治，协调解决各类问题，确保建设项目保质保量完成。

4.3.5　非政府组织的利益诉求

非政府组织最直接的利益诉求是提高其知名度和美誉度，它们通过参与绿色宜居村镇建设项目，获得政府的政策支持，增加自身收益，壮大资本。其目的是通过参与村镇建设项目，提高社会公信力，实现自身社会价值。非政府组织拥有良好的资金、信息、技术优势，能够有效解决绿色宜居村镇建设中出现的各种问题。

4.3.6　乡镇企业的利益诉求

乡镇企业的利益诉求包含经济和社会的双重效益。经济效益是指在绿色宜居村镇建设的整个过程中，通过参与建设项目获得经营利润；社会效益是作为各级政府政策的直接执行者和推动者，乡镇企业可为政府提供税收来源，为社会解决就业难的问题，维护企业声誉，谋求长远发展。

4.3.7　外来企业的利益诉求

外来企业的核心利益诉求是获得经济收益。例如，长沙县浔龙河村通过招商引资等方式，引进外来企业200余家，外来企业经营范围主要为农副产品加工、酒店经营、儿童主题乐园、教育培训、影视文化、旅游开发等，推动了乡村特色资源的资产化和资本化，形成了相对较完善的产业集群生态链。

4.3.8　金融机构的利益诉求

金融机构的利益诉求是获得经济利益。由于绿色宜居村镇建设尚处于探索阶段，风险较大，因而金融机构的利益诉求首先是在保证投放资金风险在可承受的范围内，再考虑提高投入资金的利息收益，否则将考虑投资其他建设项目。

4.3.9　媒体机构的利益诉求

对于绿色宜居村镇建设的宣传推介，一般依靠媒体和网络的大众传播。媒体机构的利益诉求主要是提高点击率和收视率，提高受众对媒体机构的认同感、满意度、忠诚度及互动性。

4.4 利益矛盾分析

绿色宜居村镇建设中不同的资金、资源、信息和权利相互交织，多样的利益诉求、多边的利益关系、多类别的角色定位构成了一个错综复杂的利益关系网络系统，容易引发各种各样的挑战、困惑和矛盾冲突等。

4.4.1 村民与村委会之间的利益矛盾

在推行绿色宜居村镇建设过程中，村民和村委会之间的利益关系存在一定的矛盾冲突。农村住房大多由村民自建，而农宅选址、建筑风格、面积标准、建材使用、给水排水等不愿意受到村委会的过多干涉。如果因考虑绿色宜居功能而导致初始成本上升，村民可能会不愿配合，但基层村委会又要尽量执行相关政策，才可能提升政绩，因此村民与村委会之间的利益矛盾显而易见。

4.4.2 村民与乡镇企业之间的利益矛盾

乡镇企业作为绿色宜居村镇建设的市场化产物，追求利润是其天然使命。但在其经营过程中，由于信息不对称、沟通不及时、农民不理解等原因，或多或少会因开发本土资源、雇佣从业人员、发放工资报酬等方面与本地村民之间产生利益矛盾。

4.4.3 村民与外来企业之间的利益矛盾

在绿色宜居村镇建设过程中，村民和外来企业之间存在一定的利益矛盾。从增加自身收益的角度出发，外来企业在支付村镇建设用地使用补偿时，尽可能将村民经济补偿降到最低，而村民则在自身利益不受损失的同时，又想获得更多的利益补偿。此时村民与外来企业之间就经济补偿问题会形成矛盾冲突。

4.4.4　村委会与政府部门之间的利益矛盾

村委会与政府部门之间的利益矛盾，一方面由于基层工作开展的难度和技术人员的匮乏等原因，往往使得村委会在政策执行过程中与政府主管部门的严格督查存在一定的矛盾；另一方面由于资源的稀缺性，导致基层组织在争取政府主管部门的资金、项目和优惠政策等方面不可避免地产生利益冲突。

4.4.5　外来企业与政府部门之间的利益矛盾

外来企业与政府部门除了是共赢的合作关系，外来企业还会受政府部门的监管。在绿色宜居村镇建设项目的实施过程中，政府需对外来企业的建设行为进行规范和约束，解决好村民与外来企业之间的利益冲突，避免出现与绿色宜居村镇建设相悖的建设行为。

4.5　本章小结

本章主要是村镇建设利益相关者的识别，确定参与建设的具体利益相关者，并对各建设利益相关者的利益需求与矛盾进行分析。首先，通过直接识别的方法，确定9大类参与绿色宜居村镇建设的利益相关者，从角色、内容、关系3个维度建立三维识别模型，基于9大类建设利益相关者，确定出106个具体的建设利益相关者。随后，在整理绿色宜居村镇建设者行为及关系汇总表的基础上，对案例地长沙县浔龙河村调研获取的数据进行处理，构建106×106的多值关系矩阵。最后是对0大类利益相关者的利益需求进行分析，以及对不同利益相关者之间的利益矛盾进行分析，具体包括：村民与村委会之间的利益矛盾、村民与乡镇企业之间的利益矛盾、村民与外来企业之间的利益矛盾、村委会与政府部门之间的利益矛盾、外来企业与政府部门之间的利益矛盾。

第5章　村镇建设利益相关者社会网络分析模型

5.1　社会网络分析方法概述和应用

5.1.1　社会网络分析法概述

根据研究范围分类，可将社会网络分析的研究群体划分为两类，即个体网络和整体网络。个体网络是以网络中的一个节点（特定行为者）为研究中心，主要关注与该节点具有相关联系的其他节点，以此来研究该节点（特定行为者）在社会网络中是如何受到其他节点影响的[57]。整体网络则是对各个角色群体之间的关系特征和整个关系网络属性特征的研究。从个体网络到整体网络，网络中的节点与关系数量呈现逐渐增加之势。图形表达和矩阵表达是社会网络的两种特定表达方式。

1. 图形表达

图形表达可清楚地看到每个节点之间的关系。图形表达具体可以分为：完备图、非完备图；有向图、无向图；二值图、符号图、多值图。常见的网络图基本为非完备图。完备图指网络中任意两个节点均有联系。如果考虑两个节点之间的关系强度和方向，可分为二值有向图、二值无向图；多值有向图、多值无向图。

2. 矩阵表达

矩阵法通常用于节点数量巨大而复杂的情况。矩阵表达分为邻接矩阵（方阵）、发生矩阵、有向关系矩阵、多值关系矩阵。

（1）邻接矩阵（方阵）。在进行社会网络分析时，较常采用邻接矩阵作为基础数据，其行和列的内容完全相同，矩阵中的各个要素用0或1表示，1代表对应的两个节点之间存在关系，0代表对应的两个节点之间没有关系。矩阵不考虑各节点与自身的关系，通常用0表示。

（2）发生矩阵。发生矩阵的行表示网络中的节点，列表示网络中的线，该矩阵表示点是否在线上的关系。如矩阵中，第 i 行和第 j 列对应的数字为1，则表示 i 点位于 j 这条线上；数字若为0，则表明 i 点不在 j 这条线上。

（3）有向关系矩阵。各节点之间的关系是可以存在方向的，例如，微博中的关注关系，A 关注 B，但 B 不一定关注 A。

（4）多值关系矩阵。研究对象的关系强度不同时，就需要对其关系强度进行赋值，赋值可以为0、1、2、3、4等，赋值数据一般由研究者根据实际情况自主设置。

5.1.2　社会网络分析法步骤

对绿色宜居村镇建设的利益相关者，运用社会网络分析法展开研究，是协调村镇建设者利益冲突的关键。本研究对村镇建设利益相关者进行社会网络分析的具体操作步骤为：识别关系网络节点、构建关系矩阵及绘制网络图、进行村镇建设利益相关者网络特征指标评价，如图5-1所示。

1. 识别关系网络节点

网络由节点和节点之间的连线组成。关系网络中的节点，既可以是一个个体，也可以是一个组织、团体或群体。本研究对绿色宜居村镇建设利益相关者进行识别和确定，将参与村镇建设的具体利益相关者作为关系网络中的节点。

2. 构建关系矩阵及绘制网络图

由于社会网络分析法有自己独特的关系矩阵表达方式。通过实地调研，确定村镇各建设利益相关者之间的关系强度，并将其转换为106×106的关系矩阵

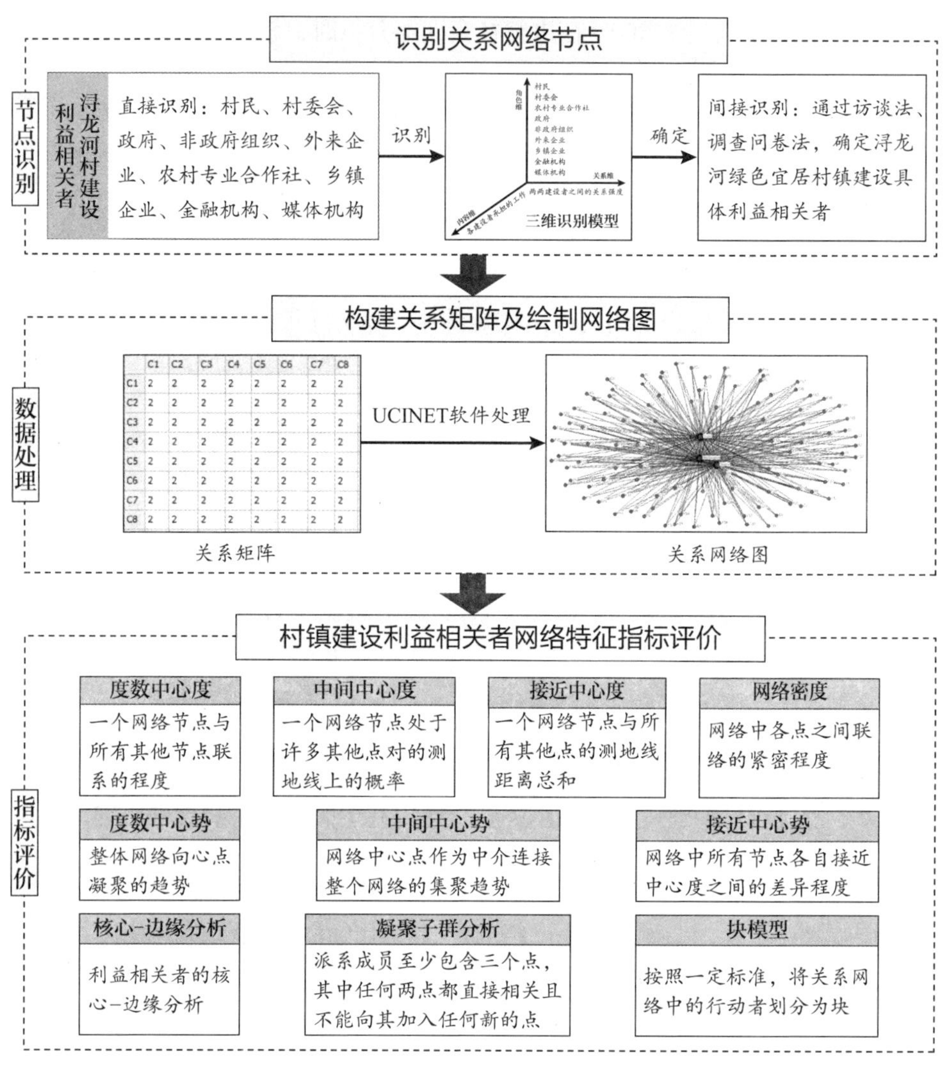

图5-1　绿色宜居村镇建设利益相关者的社会网络分析步骤

模式。关系矩阵中的行和列完全相同，均为村镇建设的具体利益相关者，矩阵中的要素（数字）代表两两建设利益相关者之间的关系强度。在UCINET软件中导入106×106的关系矩阵，进行可视化分析，即可绘制出绿色宜居村镇建设利益相关者社会网络结构图。其中，关系网络图中的“点”代表参与村镇建设的各类利益相关者，“线”代表各建设利益相关者之间关系的强弱程度。

3. 村镇建设利益相关者网络特征指标评价

根据村镇建设利益相关者的关系网络特征，利用社会网络分析方法，分别从个体网络层面和整体网络层面进行指标评价。个体网络特征指标包括度数中心度、中间中心度、接近中心度；整体网络特征指标包括网络密度、度数中心势、中间中心势、接近中心势、核心－边缘分析、凝聚子群分析、块模型。运用 UCINET 软件，对村镇建设利益相关者的网络特征进行分析和计算。

5.1.3　模型的相关指标介绍

1. 个体网络特征评价指标

研究通过个体网络的度数中心度、中间中心度、接近中心度来测量绿色宜居村镇建设利益相关者的中心性与网络地位（图5-2）。不仅可以分析出绿色宜居村镇建设利益相关者在关系网络中的位置与资源优势，还可以分析拥有资源、权力优势的村镇建设利益相关者对其他建设利益相关者的影响力[58]。

（1）度数中心度（degree centrality）可分为绝对度数中心度和相对度数中心度，度数中心度最高的节点位于网络中心，具有最大的权力。

绝对度数中心度是指与某节点有直接联系的节点关系数量的总和。表达式如式（5-1）：

$$C_{\mathrm{AD}_i}=\sum_{j=1}^{n}x_{ij},\ j\neq i \tag{5-1}$$

式中，C_{AD_i} 表示点 i 的度数中心度；x_{ij} 表示 i 点与 j 点是否有关系。

相对度数中心度的表达式如式（5-2）：

$$C_{\mathrm{RD}_i}=\frac{C_{\mathrm{AD}_i}}{n-1} \tag{5-2}$$

在绿色宜居村镇建设利益相关者关系网络中，度数中心度较大的建设利益相关者处于关系网络的核心位置，对其他建设利益相关者具有较强影响力，且在绿色宜居村镇建设中具有一定话语权。同时，度数中心度较高的建设者被认为在村镇建设中占据主导地位，或作为绿色宜居村镇建设活动的主要组织者，影响和制约着其他建设者，在利益分配、信息及资源掌控等方面也占据绝对的优势地位。

指标	说明
度数中心度	指标越大：越居于网络中心，拥有的权力越大，对关系网络中的其他利益相关者影响越强。 指标越小：越趋于网络边缘，拥有的权力越小，对关系网络中的其他利益相关者影响越弱。
中间中心度	指标越大：处于资源、信息获取优势地位，可控制其他行动者，处于网络的核心位置，拥有很大的权力。 指标越小：获取资源、信息渠道闭塞，不能控制其他行动者，处于网络的边缘位置。
接近中心度	指标越大：自主性越强，不易受外界控制，接近中心度越大，说明该点越不是网络的核心点。 指标越小：自主性越弱，易受外界控制。
网络密度	指标越大：关系网络中的利益相关者联系越紧密。 指标越小：关系网络中的利益相关者联系越不紧密。
度数中心势	指标越大：关系网络中的资金、技术、资源、信息等权力的掌握越集中。 指标越小：关系网络中的资源分布越分散，不利于共同目标的实现。
中间中心势	指标越大：网络中心点作为中介连接整个网络的趋势越强。 指标越小：网络中心点作为中介连接整个网络的趋势越弱。
接近中心势	指标越大：越接近整个关系网络的核心。 指标越小：越远离整个关系网络的核心。
核心-边缘分析	指标越大：参与者和事件“共现”的聚类。 指标越小：参与者和事件不“共现”的聚类。
凝聚子群分析	指标越大：关系网络中派系较多，派系内部联系紧密，交流合作频繁；派系之外的行动者处于网络边缘，信息、资源闭塞。 指标越小：关系网络中派系较少，各行动者之间交流合作较少。
块模型	指标越大：块内部之间联系较紧密；块与块之间联系越紧密。 指标越小：块内部之间联系较疏远；块与块之间联系越疏远。

图5-2　关系网络特征测度指标

（图片来源：由《社会网络分析：理论、方法与应用》总结）

（2）中间中心度（betweenness centrality）用来测量特定行为者对资源的控制能力，具体表现为一个节点位于其他两个节点之间的距离大小。如果一个节点位于通往许多其他点对的捷径（最短路径）上，则该节点具有最高中间中心度。假设点 j 和 k 之间存在 g_{jk} 条路径，点 j 和 k 之间存在经过点 i 的路径数

用 $g_{jk}(i)$ 来表示，点 i 能够控制 j 点和 k 点的交往能力用 $b_{jk}(i)$ 来表示。

那么，点 i 的绝对中间中心度表达式如式（5-3）：

$$C_{\mathrm{AB}_i}=\sum_{j}^{n}\sum_{k}^{n}b_{jk}(i), j\neq k\neq i, \text{且} j<k \tag{5-3}$$

相对中间中心度的表达式如式（4-4）：

$$C_{\mathrm{RB}_i}=\frac{2C_{\mathrm{AB}_i}}{n^2-3n+2}, 0\leqslant C_{\mathrm{RB}_i}\leqslant 1 \tag{5-4}$$

在绿色宜居村镇建设利益相关者关系网络中，中间中心度较高的建设利益相关者充当“桥”或者“中间人”的身份，作为重要资源和信息的传播者，在掌握资源和信息方面优势较为明显，能够通过最短路径获取最有价值的资源、信息，可以通过控制信息传递甚至曲解信息的传达，进而影响整个网络群体。具有较高中间中心度的利益相关者，是提升绿色宜居村镇建设中信息、资源流通效率的关键角色。

（3）接近中心度（closeness centrality）考虑的是节点在多大程度上不受其他节点的控制。

绝对接近中心度的表达式如式（5-5）：

$$C_{\mathrm{AC}_i}^{-1}=\sum_{j=1}^{n}d_{ij}, \quad i\neq j \tag{5-5}$$

式中，$C_{\mathrm{AC}_i}^{-1}$ 表示点 i 的接近中心度；d_{ij} 表示点 i 到 j 之间捷径所包含的线数。

相对接近中心度通常用来比较不同网络规模中节点的接近中心度。表达式如式（5-6）：

$$C_{\mathrm{RC}i}^{-1}=\frac{C_{\mathrm{AC}_i}^{-1}}{n-1} \tag{5-6}$$

式中，n 代表网络节点数。

接近中心度较高的点与网络中其他所有节点的距离都很短。在绿色宜居村镇建设中，接近中心度较高的利益相关者与其他大部分建设利益相关者的联系较为密切，在信息、资源、权力方面有一定的影响力，不易受其他利益相关者的控制，自主性较强。

5.1.3.2 整体网络特征评价指标

本研究通过整体网络的密度、度数中心势、中间中心势、接近中心势、核心－边缘分析、凝聚子群分析、块模型来测量绿色宜居村镇建设利益相关者的网络密度和整体中心性，揭示绿色宜居村镇建设利益相关者关系网络的作用机理（图5-2）。

（1）密度（density）表示网络中各个节点之间联系的紧密程度。在网络节点数量一定的情况下，节点之间的连线越多，则说明此关系网络的密度越大。

在无向图中，表达式如式（5-7）：

$$D = \frac{2L}{n(n-1)} \tag{5-7}$$

在有向图中，表达式如式（5-8）：

$$\frac{\quad}{n(n \quad 1} \tag{5-8}$$

式中，L 表示关系网络图中实际存在的连线数；n 表示关系网络图中实际存在的节点数。

在绿色宜居村镇建设中，要研究各个建设利益相关者之间的网络关系，需先通过整体网络密度来判断整个关系网络的属性特征。一般来说，网络密度越大，绿色宜居村镇建设的利益相关者受该网络的影响越大，主要体现在资源、信息、技术的高效流通，各种标准、导向、导则的有效扩散。网络密度大的关系网络，不仅可为绿色宜居村镇建设的利益相关者提供各种社会资源，也可制约利益相关者各自盲目发展，使其形成共同的行为目标。

（2）度数中心势（degree centralization）用于测量整个关系网络的整体中心线性，具体表现为关系网络中的各节点向网络中心聚集的趋势。它可用于比较关系网络中不同利益相关者的个体度数中心度。计算度数中心势，首先要找到关系网络中的最大值 max，然后分别计算 max 值与其他节点中心度之间的“差值”，再计算这些差值的总和，最后将总和除以理论上各差值总和的最大可能值。

度数中心势的表达式如式（5-9）：

$$C_{D}=\frac{\sum_{i=1}^{n}\left(C_{AD_{max}}-C_{AD_{i}}\right)}{\max\left[\sum_{i=1}^{n}\left(C_{AD_{max}}-C_{AD_{i}}\right)\right]} \tag{5-9}$$

式中，C_D 表示网络的度数中心势；$C_{AD_{max}}$ 表示网络中最大的度数中心度的数值；C_{AD_i} 表示点 i 的度数中心度。

在绿色宜居村镇建设中，既有处于关系网络边缘的利益相关者，也有处于关系网络中间甚至核心的利益相关者，度数中心势呈现的是各利益相关者向某个位于网络中心的利益相关者聚集的趋势。度数中心势越高，则说明关系网络中的资金、技术、资源、信息等权力的掌握越集中；度数中心势越低，则说明关系网络中的资源分布越分散，不利于共同目标的实现。

（3）中间中心势（betweenness centralization）展示关系网络中，网络中心点作为“媒介”连接各节点的聚集趋势。计算中间中心势，首先要找到关系网络中中间中心度的最大值 max，然后分别计算 max 值与其他节点的中间中心度之间的“差值”，再计算这些差值的总和，最后将总和除以理论上各差值总和的最大可能值。

中间中心势的表达式如式（5-10）：

$$C_{B}=\frac{\sum_{i=1}^{n}\left(C_{AB_{max}}-C_{AB_{i}}\right)}{n^{3}-4n^{2}+5n-2}=\frac{\sum_{i=1}^{n}\left(C_{RB_{max}}-C_{RB_{i}}\right)}{n-1} \tag{5-10}$$

式中，C_B 表示网络的中间中心势；$C_{AB_{max}}$ 表示网络中最大的绝对中间中心度的值；$C_{RB_{max}}$ 表示网络中最大的相对中间中心度值；C_{RB_i} 表示点 i 的中间中心度。

在绿色宜居村镇建设中，中间中心度最高的村镇建设利益相关者承担着整个关系网络的“桥梁”任务，具有连接和沟通其他村镇建设利益相关者的重要作用。中间中心势越高，则表示关系网络中的各节点越依靠于某一节点的传递功能，该节点在关系网络中具有极其重要的信息传递作用。

（4）接近中心势（closeness centralization）指在关系网络中，各节点接近中心度数值的差异比较。

接近中心势的表达式如式（5-11）：

$$C_{\mathrm{C}}=\frac{\sum_{i=1}^{n}\left(C_{\mathrm{RC}_{\max}}-C_{\mathrm{RC}_{i}}\right)}{(n-2)(n-1)}(2n-3) \tag{5-11}$$

式中，C_{C} 表示网络的接近中心势；$C_{\mathrm{RC}_{\max}}$ 表示网络中最大的接近中心度值；$C_{\mathrm{RC}_{i}}$ 表示点 i 的接近中心度。

在绿色宜居村镇建设中，各绿色宜居村镇建设利益相关者的接近中心度数值差异越大，则说明关系网络的接近中心势越大。在关系网络中，越接近关系网络核心的建设利益相关者的接近中心度越大，相反，接近中心度越小。

（5）核心–边缘（core-periphery）分析可以将整个关系网络分成两块，即高密度块（核心）和低密度块（边缘）。核心是一个聚类，是参与者和事件“共现”的聚类；而参与者和事件不“共现”的聚类为边缘。“核心”是由密度较高的一系列参与者构成的聚类，这些参与者与每个事件都紧密联系在一起，同时每个事件也与核心分区中的参与者密切相关；“边缘”是由密度较低的一系列参与者构成，这些参与者在相同的事件中没有密切联系，或因事件之间没有联系，缺少“桥梁角色”，导致参与者之间断联。

在绿色宜居村镇建设中，借助核心–边缘分析，可以判断出绿色宜居村镇的各个建设利益相关者处于关系网络的核心或边缘位置，其中，处于较为核心位置的建设利益相关者之间联系交流密切，资源、技术、信息的传播比较高效，会形成凝聚型的团体。核心村镇建设利益相关者与边缘村镇建设利益相关者在资源交换关系中处于优势地位，边缘村镇建设利益相关者由于彼此之间的联系疏远，资金、技术、信息等资源流通闭塞，从而在整个关系网络中处于劣势地位。

（6）凝聚子群（cohesive subgroups）指关系网络中的一些行为者由于联系紧密从而形成的多个次级小团体。对凝聚子群的分析包括以下四个角度：关系的互惠性、子群成员之间的接近性或可达性、子群内部成员之间关系的频次（点的度数）、子群内部成员关系密度相对于内外部成员之间的关系密度。其中，基于互惠的凝聚子群主要代表派系，一个派系的内部成员都是互惠的，不能添加任何新成员，否则会改变其基本属性。

在无向网络关系图中，派系成员需要至少包含三个节点，其中任何两个节点都是直接相连的，并且不能向其派系添加任何新的节点；在有向关系网络中，行为者之间的关系必须是互利互惠的。

在绿色宜居村镇建设中，通过分析绿色村镇建设利益相关者派系的数量及构成，可以明晰各派系之间和派系内部的关系，有助于更好地分析绿色宜居村镇建设者之间的团体关系、层次及构成。

（7）块模型（block models）指将关系网络中的行为者按照一定的标准分为若干个“子集”，这些“子集”也称为块。块模型的构建，首先需要对行为者进行划分，即形成“块”；其次根据标准对各个块进行取值，不同性质的关系网络采取的标准不同。本研究将整体网络密度指标作为对块取值的标准，来确定各个块的值是1块还是0块，再构建像矩阵，形成简化图。

在绿色宜居村镇建设中，通过分析各绿色宜居村镇建设利益相关者在关系网络中的位置和角色，揭示各“团体”之间的相互关系，使复杂关系网络的结构更加简单、清晰，便于剖析不同绿色宜居村镇建设者的行为特征，从而更好地促进绿色宜居村镇建设。

5.1.4　社会网络分析的应用软件

目前可以进行社会网络分析的软件有50多种，如STRUCTURE、Pajek、

UCINET 等。

STRUCTURE 主要适用于推断种群遗传结构的分析，采用批量处理模式，软件在进行社会网络分析时，需要建立命令、数据以及输出三个文件，使用起来相对烦琐复杂。

Pajek 主要适用于大型复杂网络的分析，在运行小型网络时存在一定的运行障碍。此外，Pajek 软件本身具备强大的计算功能，而数据的统计功能比较薄弱，还需借助其他软件进行结果的统计。

UCINET 软件因其比较完善的社会网络分析功能有着较高的知名度，被相关学者广泛应用。UCINET 结合了其他多种软件的优势，适用于小型网络的分析及数据结果的统计，可直观实现网络结构的可视化，为社会网络分析方法的实际应用提供了软件支撑。因而本研究选择使用 UCINET 软件，来分析绿色宜居村镇建设利益相关者的社会网络关系。在进行社会网络分析时，使用的是UCINET6.0版本（图5-3）。

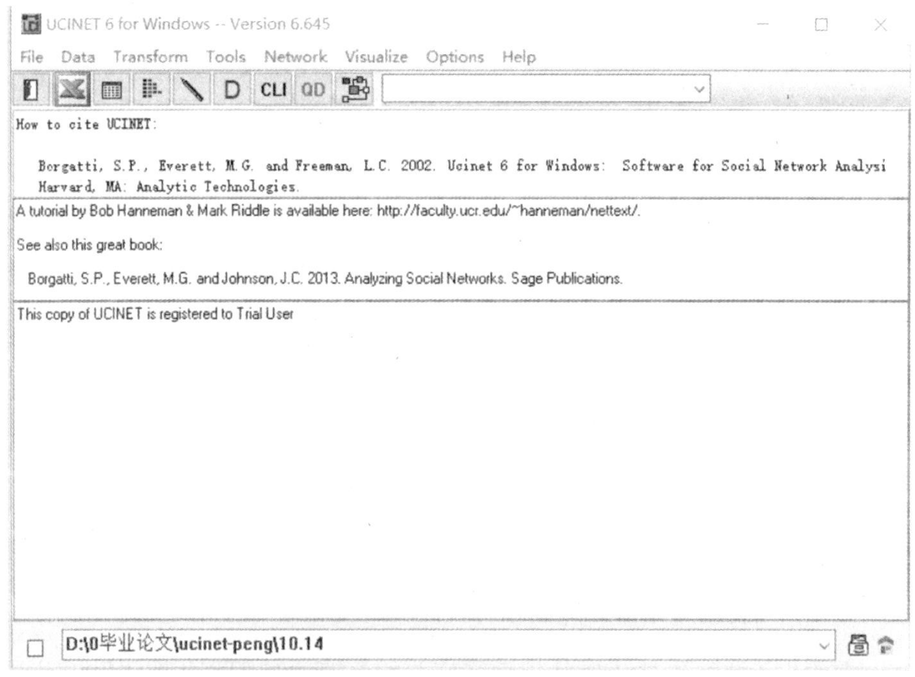

图5-3 UCINET 软件界面

5.2　利益相关者社会网络模型的构建

5.2.1　构建利益相关者网络关系矩阵

在前文确定了村镇建设利益相关者及其关系强度，并已通过数据处理将这些结果转化成社会网络分析所需要的特定量化数据——关系矩阵。矩阵中的行和列完全相同，均为村镇建设的具体利益相关者，矩阵中的要素（数字）代表两两利益相关者之间的关系强度。构建的关系矩阵为106×106的1模多值无向网，且矩阵为对称数据，关系强度赋值为0~5。

5.2.2　利益相关者社会网络结构图示

UCINET 软件的数据可视化功能，可以通过图示直观地看出两两节点的关系结构。将106×106的关系矩阵导入 UCINET 软件中，借助其数据可视化功能，即可绘制村镇建设利益相关者社会网络结构图（图5-4）。

2008年以来，浔龙河村在“三农”政策的引导下，从根本上理清了政府、企业、村集体的权责关系。外来企业 E 和乡镇企业 F 合作，对浔龙河村进行产业规划和生态开发，例如，打造田汉文化园、麦咭儿童主题乐园、樱花谷生态景区等，对浔龙河村的本土资源进行合理配置和综合利用；政府部门 G 通过完善浔龙河村的基础设施，为浔龙河村的建设发展提供社会保障，并加强领导和监督，确保项目建设规范、有序进行；村委会 V 全程参与浔龙河村的建设工作，将土地增减挂钩，鼓励村民进行集中居住，以此盘活村内的闲置土地，同时组建村庄的集体企业，对集体经营性土地等村集体资产进行统一的经营管理，以推动浔龙河村整体经济的发展；带头村民在村委会的帮助下，组织建立农村专业合作社 R，主要进行土鸡蛋、大米、蜂蜜等农副产品的销售；村民 C 利用自己拥有的土地资源参与浔龙河绿色宜居村镇建设，通过土地流转、住房门面房出租、自主创业、劳务派遣、集体企业分红等方式来获得直接收益，提高生活品质；非政府组织主要为湖南大学，其参与田汉文化园的规划设计；金融机构 I 为浔龙河村提供信贷支持、惠农补贴、产业扶贫等优惠服务；媒体机构 M 主要是对浔龙河生态艺术小镇建设经验的宣传以及农产品的推广。

由图5-4可以预判：在浔龙河村建设发展过程中，参与其中的利益相关者种类繁多，其中，乡镇企业 F 和村委会 V 占据关系网络的主导地位；外来企业 E 拥有较少的话语权与时效信息；村民作为浔龙河村的建设主体，只有少数带头村民参与到浔龙河村的建设过程中，而普通村民由于知识水平低、信息闭塞、政策解读不到位等原因，并没有充分参与到浔龙河村的建设过程中。

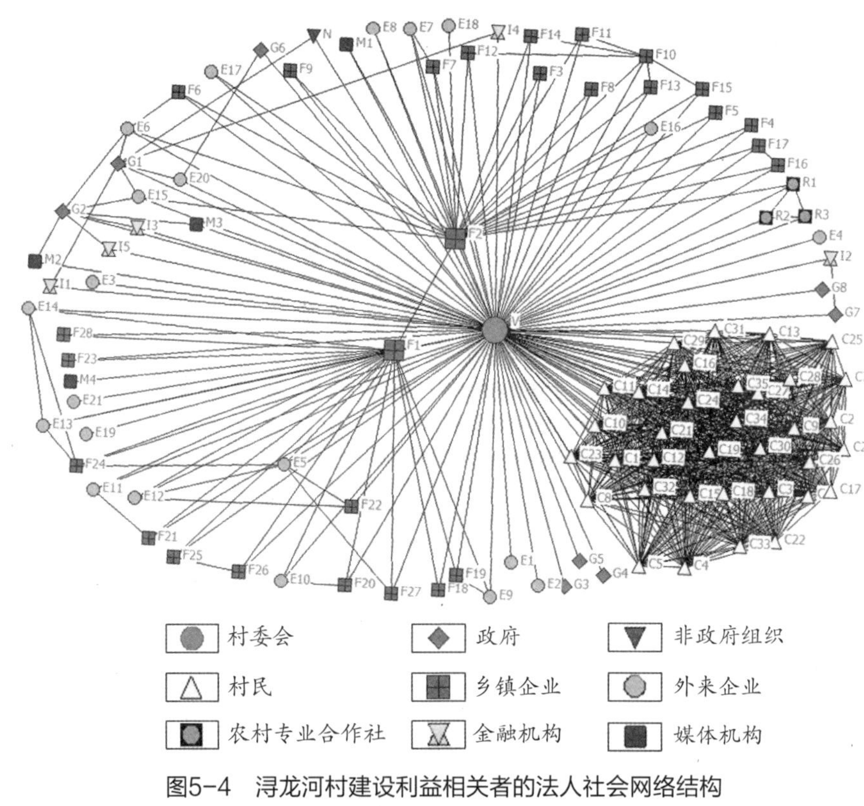

图5-4　浔龙河村建设利益相关者的法人社会网络结构

（图片来源：由 UCINET 软件输出）

5.3　利益相关者的网络特征指标评价

关系网络特征指标评价主要包含两个方面的内容：个体网络指标评价和整体网络指标评价。个体网络重点分析村镇各建设利益相关者的属性特征，而整体网络则重点分析整个关系网络的密度、中心势力和影响力。

5.3.1　个体网络特征评价

1. 度数中心度

利用 UCINET 软件中 Network → Centrality and Power → Degree，按式（5-1）、式（5-2）计算得到浔龙河村建设利益相关者关系网络的度数中心度结果（图5-5）。

		1 Degree	2 NrmDegree	3 Share
	V	238.000	45.333	0.070
	F2	88.000	16.762	0.026
	F1	75.000	14.286	0.022
前十位	C3	71.000	13.524	0.021
	C1	71.000	13.524	0.021
	C6	71.000	13.524	0.021
	C7	71.000	13.524	0.021
	C2	71.000	13.524	0.021
	C9	71.000	13.524	0.021
	C4	71.000	13.524	0.021
末五位	G4	3.000	0.571	0.001
	E1	2.000	0.381	0.001
	E2	2.000	0.381	0.001
	E3	2.000	0.381	0.001
	E4	2.000	0.381	0.001

图5-5　关系网络度数中心度分析

（数据来源：UCINET 软件输出）

由分析结果可知，在浔龙河绿色宜居村镇建设利益相关者关系网络中，拥有最高度数中心度的是村委会 V（45.333），说明村委会是浔龙河村建设的主要推动者，与其他利益相关者保持着密切联系，在关系网络中处于绝对优势地位；其次是乡镇企业 F2和 F1（16.762、14.286），二者作为浔龙河生态艺术小镇的本土企业，通过吸引外资对浔龙河村进行生态开发，推动浔龙河绿色宜居村镇建设，具有一定影响力；然后为村民 C3（13.524），作为浔龙河村建设发展的主体，通过自主经营农家乐、土菜馆、便利店等，积极参与到浔龙河绿色宜居村镇建设中，促进本地经济发展；最后，度数中心度最低的为外来企业E4（0.381），主要负责浔龙河村的电力电信工程建设，处于关系网络边缘，与其他利益相关者的联系较为疏远。

2. 中间中心度

利用UCINET软件中Network → Centrality and Power → Freeman Betweenness，按式（5-3）、式（5-4）计算得到浔龙河村建设利益相关者关系网络的中间中心度结果（图5-6）。

		1 Betweenness	2 nBetweenness
前十位	V	4423.250	81.012
	F1	388.167	7.109
	F2	270.583	4.956
	G1	7.250	0.133
	G2	7.250	0.133
	E5	3.333	0.061
	F10	3.333	0.061
	E6	2.667	0.049
	R1	2.000	0.037
	E15	1.667	0.031
末五位	I5	0.000	0.000
	M1	0.000	0.000
	M2	0.000	0.000
	M3	0.000	0.000
	M4	0.000	0.000

图5-6　关系网络中间中心度分析

（数据来源：UCINET软件输出）

由分析结果可知，在浔龙河村建设利益相关者关系网络中，中间中心度最高的为村委会V（4423.250），村委会处于关系网络的核心位置，充当浔龙河村建设各利益相关者信息传递的“中间人”或“桥梁”角色，拥有浔龙河村建设的资源、信息、技术等资源优势；其次为乡镇企业F1、F2（388.167、270.583），作为开发浔龙河村的本土企业，凭借对浔龙河村的熟悉优势，能够及时掌握一些资金、技术、信息资源；然后是G1和G2（7.250），长沙县政府和果园镇政府作为浔龙河村委会的直属上级，能够掌握一些乡镇建设的政策信息；最后，金融机构I和媒体机构M的中间中心度为0，则表明其没有控制资源、技术、信息资源的能力。

3. 接近中心度

利用 UCINET 软件中 Network → Centrality and Power → Closeness Measure，按式（5-5）、式（5-6）计算得到浔龙河村建设利益相关者关系网络的接近中心度结果（图5-7）。

		1 Farness	2 nCloseness
前十位	V	109.000	96.330
	C2	179.000	58.659
	C3	179.000	58.659
	C1	179.000	58.659
	C5	179.000	58.659
	C6	179.000	58.659
	C7	179.000	58.659
	C8	179.000	58.659
	C9	179.000	58.659
	C4	179.000	58.659
末五位	E3	213.000	49.296
	E18	288.000	36.458
	E21	292.000	35.959
	E19	292.000	35.959
	M4	292.000	35.959

图5-7　关系网络接近中心度分析

（数据来源：UCINET 软件输出）

由分析结果可知，在浔龙河村建设利益相关者关系网络中，村委会 V 和村民 C2拥有较高的接近中心度（96.330和58.659），说明在浔龙河村建设过程中，村庄内部的自主性较强，不易受外界的控制。外来企业 E21、E19和媒体机构 M4接近中心度最小，均为35.959，说明其在参与浔龙河村建设中依赖于其他利益相关者，自主性较弱。

5.3.2　整体网络特征评价

1. 网络密度

用 UCINET 软件中 Network → Cohesion → Density，按式（5-7）、式（5-8）计算得到浔龙河村建设利益相关者关系网络的密度结果（图5-8）。

1 Density	2 No. of Ties	3 Std Dev	4 Avg Degree	5 Alpha
0.140	1556.000	0.347	14.679	0.945

图5-8 关系网络密度分析

（数据来源：UCINET 软件输出）

由于关系矩阵在网络密度分析时被进行了二值化处理，两两建设利益相关者的关系强度非1即0，所以当网络密度为0.500（50%）时，为理想的关系网络。由分析结果可知，在浔龙河村建设利益相关者关系网络中，关系数量为1556.000，网络密度为0.140（14%），小于0.500（50%），说明浔龙河村建设利益相关者关系网络较为分散。参与浔龙河村建设的利益相关者数量繁多、角色复杂，彼此之间的信息、资源、技术交流较少，利益相关者受网络影响较小，他们大多放大自身的利益需求，不利于实现共同建设目标。参与浔龙河村建设的利益相关者须加强彼此之间的信息、资源、技术交流，提高网络密度，协同实现绿色宜居的建设目标。

2. **度数中心势**

用 UCINET 软件中 Network → Centrality and Power → Degree，按式（5-9）计算得到浔龙河村建设利益相关者关系网络的度数中心势结果（图5-9）。

DESCRIPTIVE STATISTICS

		1 Degree	2 NrmDegree	3 Share
1	Mean	32.057	6.106	0.009
2	Std Dev	36.714	6.993	0.011
3	Sum	3398.000	647.238	1.000
4	Variance	1347.940	48.905	0.000
5	SSQ	251810.000	9135.964	0.022
6	MCSSQ	142881.656	5183.915	0.012
7	Euc Norm	501.807	95.582	0.148
8	Minimum	2.000	0.381	0.001
9	Maximum	238.000	45.333	0.070

Network Centralization = 39.98%
Heterogeneity = 2.18%. Normalized = 1.25%

图5-9 关系网络度数中心势分析

（数据来源：UCINET 软件输出）

由分析结果可知，在浔龙河村建设利益相关者关系网络中，度数中心势为39.98%，度数中心势反映关系网络中的各个利益相关者向中心点村委会 V 聚集的趋势。浔龙河村委会在绿色宜居村镇建设过程中占据主导地位，对其他利益相关者的影响较大，但度数中心度小于50%，说明处于网络边缘的利益相关者与村委会的联系不够密切，在优势资源、信息的流通方面处于闭塞状态。

3. **中间中心势**

用 UCINET 软件中 Network → Centrality and Power → Freeman Betweenness，按式（5-10）计算得到浔龙河村建设利益相关者关系网络的中间中心势结果（图5-10）。

DESCRIPTIVE STATISTICS FOR EACH MEASURE

		1 Betweenness	2 nBetweenness
1	Mean	48.226	0.883
2	Std Dev	429.377	7.864
3	Sum	5112.000	93.626
4	Variance	184364.531	61.843
5	SSQ	19789172.000	6638.078
6	MCSSQ	19542640.000	6555.380
7	Euc Norm	4448.502	81.474
8	Minimum	0.000	0.000
9	Maximum	4423.250	81.012

Network Centralization Index = 80.89%

图5-10　关系网络中间中心势分析

（数据来源：UCINET 软件输出）

由分析结果可知，在浔龙河村建设利益相关者关系网络中，中间中心势为80.89%，中间中心势反映网络中心点村委会 V 作为“桥梁”，有聚集整个网络的趋势。村委会作为浔龙河村建设的主体之一，能够比较及时地获取关于绿色宜居村镇建设的信息、资金、技术等资源，在关系网络中处于主导地位，起着信息传递的作用。较高的中间中心势，说明整个关系网络的利益相关者联系相对密切，信息、资金、技术等优质资源高效扩散。

4. 接近中心势

用 UCINET 软件中 Network → Centrality and Power → Closeness measure，按式5-11计算得到浔龙河村建设利益相关者关系网络的接近中心势结果（图5-11）。

```
Statistics

                        1            2
                  Farness   nCloseness
             ------------ ------------
1      Mean       201.453       52.887
2   Std Dev        24.530        6.703
3       Sum     21354.000     5606.011
4  Variance       601.701       44.924
5       SSQ   4365604.000   301246.500
6     MCSSQ     63780.266     4761.947
7  Euc Norm      2089.403      548.859
8   Minimum       109.000       35.959
9   Maximum       292.000       96.330

Network Centralization = 88.14%
```

图5-11　关系网络接近中心势分析

（数据来源：UCINET 软件输出）

由分析结果可知，在浔龙河绿村色宜居村镇建设利益相关者关系网络中，网络的接近中心势为88.14%。接近中心势越高，则说明各个村庄建设利益相关者的接近中心度差异越大，越依赖处于关系网络中心的村委会 V，进一步说明了村委会是浔龙河村绿色宜居村镇建设的主要力量，对参与其中的建设利益相关者有较大的影响力。

5. 核心 - 边缘分析

用 UCINET 软件中 Network → Core/Periphery → Categorical 对浔龙河村建设利益相关者关系网络进行核心 - 边缘分析，得出结果（表5-1）。

由表5-1可知，核心利益相关者包括村委会、村民以及乡镇企业，说明在浔龙河村绿色宜居村镇建设中，三者交流密切，处于关系网络的核心位置。外围利益相关者之间的交流联系较少，处于关系网络的边缘位置，关系密度较小。在浔龙河村建设的过程中，密切的联系主要集中在核心利益相关者之间。

表5-1　关系网络核心－边缘分析

利益相关	建设利益相关者
核心利益相关	村委会 V、村民（C1 C2 C3 C4 C5 C6 C7 C8 C9 C10 C11 C12 C13 C14 C15 C16 C17 C18 C19 C20 C21 C22 C23 C24 C25 C26 C27 C28 C29 C30 C31 C32 C33 C34 C35）、乡镇企业（F2 F1）
边缘利益相关	农村专业合作社（R1 R2 R3）、政府（G1 G2 G3 G4 G5 G6 G7 G8）、非政府组织、乡镇企业（F3 F4 F5 F6 F7 F8 F9 F10 F11 F12 F13 F14 F15 F16 F17 F18 F19 F20 F21 F22 F23 F24 F25 F26 F27 F28）、外来企业（E1 E2 E3 E4 E5 E6 E7 E8 E9 E10 E11 E12 E13 E14 E15 E16 E17 E18 E19 E20 E21）、金融机构（I1 I2 I3 I4 I5）、媒体机构（M1 M2 M3 M4）

数据来源：由 UCINET 软件分析结果整理。

6. 凝聚子群分析

用 UCINET 软件中 Network → Subgroups → Cliques 对浔龙河村绿色宜居村镇建设利益相关者关系网络进行凝聚子群分析，得到48个派系（表5-2）。

表5-2　关系网络凝聚子群分析结果

派系	利益相关者	派系	利益相关者	派系	利益相关者	派系	利益相关者
1	V C1—C35	13	V G2 I5	25	V F1 F2	37	V F2 F6 E6
2	V R1 R2 R3	14	V G2 M2	26	V F1 F25 F26	38	V F2 F7 E7
3	V R1 F2	15	V G2 M3	27	V F1 F27 E5	39	V F2 F8
4	V G1 N	16	V G6 E20	28	V F1 F28	40	V F2 F9
5	V G1 E6	17	V G7 I2	29	V F1 E5 E12	41	V F2 F3
6	V G1 E6	18	V F1 F24 E13 E14	30	V F2 F10 F11	42	V F2 F16 F17
7	V G1 E20	19	V F1 F24 E5	31	V F2 F10 F12	43	V F2 E8
8	V G1 I1	20	V F1 F18	32	V F2 F10 F13	44	V F2 E15
9	V G1 I4	21	V F1 F19 E9	33	V F2 F10 F14	45	V F2 E16
10	V G2 E6	22	V F1 F20 E10	34	V F2 F10 F15	46	V F2 E17
11	V G2 E15	23	V F1 F21 E11	35	V F2 F4	47	V F2 M1
12	V G2 I3	24	V F1 F23	36	V F2 F5	48	V F22 E5 E12

数据来源：由 UCINET 软件分析结果整理。

由表5-2可以看出，村委会和村民组成了最大的派系，说明部分浔龙河村民积极参与到绿色宜居村镇建设中，村庄内部的联系较为密切，拥有较高的凝聚力，其余47个派系均由村委会和其他2~4个建设利益相关者组成，派系数量较多且派系内部之间联系交流密切。其中，村委会V均出现在各个派系中，说明村委会在整个关系网络中占据关键位置，与不同利益相关者都保持着紧密联系，是推动浔龙河村绿色宜居村镇建设的核心力量。

7. **块模型**

用UCINET软件中Network → Role & Positions → Structural → Concor对浔龙河村建设利益相关者关系网络进行块模型分析，将其关系网络分为四个模块（表5-3），通过整理数据得出块模型的密度矩阵（图5-12）。为使整个关系网络的块模型结构更加清晰，把前文计算出的整体网络密度0.1398作为块的划分标准，在块模型密度矩阵中，将大于0.1398的取值为1，小于0.1398的取值为0，即可得到块模型的像矩阵（图5-13），最后依据块模型的像矩阵绘出关系网络的简化图（图5-14）。

表5-3　关系网络块模型

块	建设利益相关者
一	C1 C2 C3 C4 C5 C6 C7 C8 C9 C10 C11 C12 C13 C14 C15 C16 C17 C18 C19 C20 C21 C22 C23 C24 C25 C26 C27 C28 C29 C30 C31 C32 C33 C34 C35
二	V
三	R1 R2 R3 G1 G2 G3 G4 G5 G6 G7 G8 N I5 F2 F3 F4 F5 F6 F7 F8 F9 F10 F11 F12 F13 F14 F15 F16 F17 E16 E17 E18 E6 F22 E8 I1 I2 I3 I4 E1 E2 E3 E15 E4 M1 E7 E20 M3 M2
四	F28 F21 E5 E11 E12 E9 E13 F19 F20 E19 F23 E21 E10 F25 F26 F27 F1 E14 F24 F18 M4

数据来源：由UCINET软件分析结果整理。

块	一	二	三	四
一	1	1	0	0
二	1	0	0.98	0.857
三	0	0.98	0.042	0.003
四	0	0.857	0.003	0.143

图5-12 块模型的密度矩阵

（数据来源：由 UCINET 软件分析结果整理）

块	一	二	三	四
一	1	1	0	0
二	1	0	1	1
三	0	1	0	0
四	0	1	0	1

图5-13 块模型的像矩阵

（数据来源：由 UCINET 软件分析结果整理）

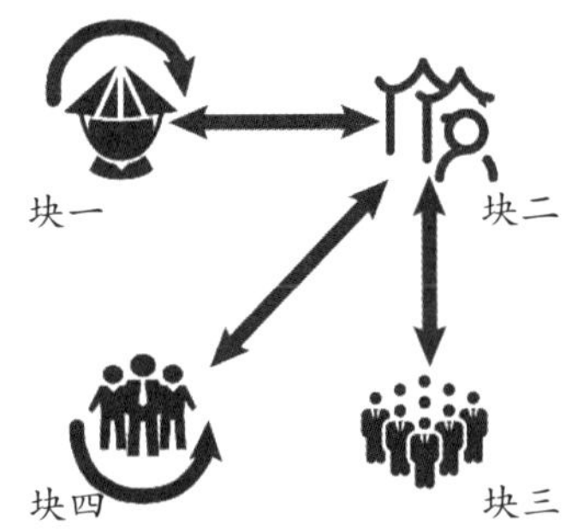

图5-14 关系网络简化图

（图片来源：由 UCINET 软件分析结果绘制）

浔龙河村建设利益相关者关系网络分为四个模块：块一为村民；块二为村委会；块三为农村专业合作社、政府部门、大部分乡镇企业和少数外来企业、金融机构、媒体机构；块四主要为乡镇企业和外来企业。由图5-14可以看出，块一和块四内部的利益相关者交流联系比较紧密，块三内部的利益相关者联系比较疏远。块二与块一、块三和块四的建设相关者都存在密切联系。进一步证明了村委会作为关系网络的核心，掌控和影响着参与浔龙河建设的其他利益相关者。

5.4 实证结果与分析

通过对浔龙河村建设利益相关者关系网络的分析，我们得出以下结论：

村委会处于浔龙河村建设利益相关者关系网络的核心位置，主导浔龙河村的生态开发、招商引资、建设发展等方面的工作。浔龙河村委会有较强的凝聚力，作为各建设利益相关者的重要纽带，它积极为各建设参与者提供有效资源和正确引导。村委会也努力调动村民的主观能动性，完成土地确权，对闲置土地实施集中流转，增加农民的收入。

村民作为浔龙河村建设的主体，在浔龙河村建设利益相关者关系网络中拥有较强的影响力。在浔龙河村的生态开发、产业规划、环境整治等方面，村民既是直接参与者，也是最主要的使用者。浔龙河村村民在村委会的带领下，通过自主经营超市、农家乐、土菜馆等方式，积极参与到浔龙河村绿色宜居村镇建设中。

乡镇企业 F1和 F2处于浔龙河村建设利益相关者关系网络的次核心位置，与村委会以及外来企业联系紧密。其主要通过吸引外资、协同各方关系进行浔龙河村的统一开发，发展浔龙河村的生态旅游、娱乐影视、研学教育等产业。

政府、非政府组织、其他乡镇企业和外来企业，处于浔龙河村建设利益相关者关系网络的边缘位置，彼此之间联系不够紧密，信息、资源传递效率低下，是优化网络结构时需要关注的对象。

5.5 本章小结

本章是社会网络分析在浔龙河村绿色宜居村镇建设中的具体应用。首先是对社会网络分析方法的概述，具体介绍社会网络分析所需要的软件以及进行评价的相关指标；其次是基于调研数据的处理，构建浔龙河村绿色宜居村镇建设利益相关者社会网络模型，绘制浔龙河村建设利益相关者关系的网络结构图，使参与村庄建设利益相关者的关系结构更加直观、清晰；然后借助 UCINET 软件对浔龙河村建设利益相关者，从个体网络特征（度数中心度、中间中心度、接近中心度）和整体网络特征（密度、度数中心势、中间中心势、接近中心势、核心－边缘分析、凝聚子群分析、块模型）两大方面对其进行指标评价。结果表明：浔龙河村村委会处于关系网络的核心地位，主导浔龙河村绿色宜居村镇的建设；乡镇企业 F1、F2处于关系网络的次核心位置，主要是因为 F1、F2两公司负责招商引资，协调各方关系，是浔龙河村建设发展的重要力量；其他利益相关者处于关系网络的外围，是优化网络结构需要重点关注的对象。

第6章　村镇建设利益相关者利益关系协调研究

6.1　引力强度模型构建

利用 UCINET 软件的数据可视化功能，可构建非空间数据（关系数据）引力模型。将106×106的关系矩阵输入 UCINET 软件中，借助其可视化功能，即可绘制出浔龙河村建设利益相关者的引力强度结构图（图6-1）。

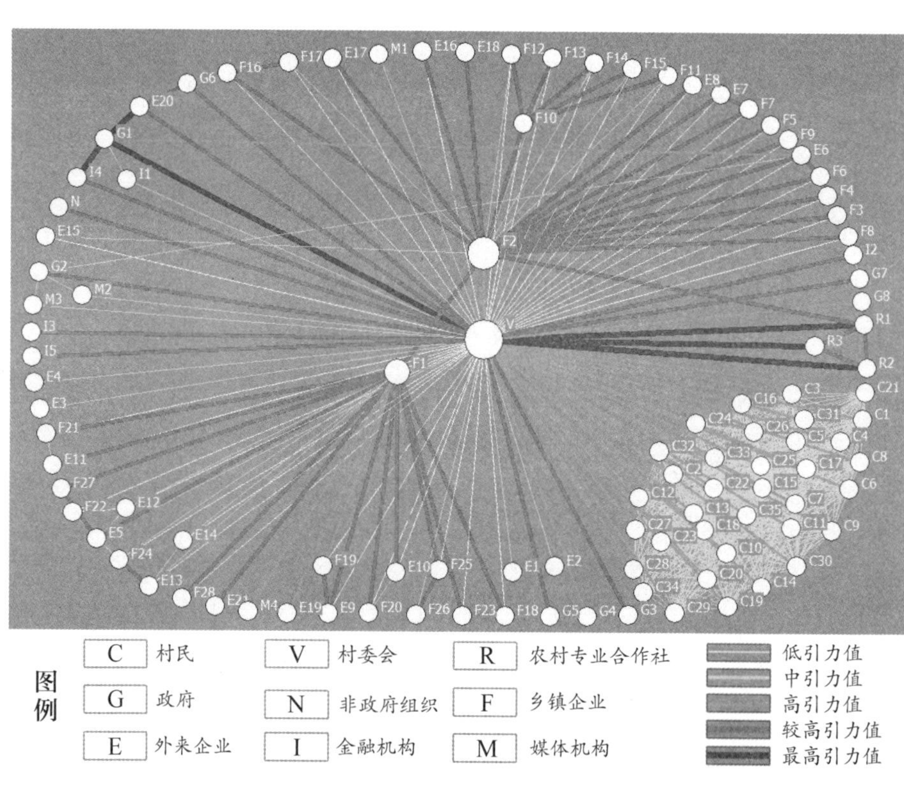

图6-1　浔龙河村建设利益相关者引力强度结构图

（图片来源：由 UCINET 软件输出）

引力模型不仅可以直观展示各个节点在整个关系网络中的位置和重要程度，还可以揭示两两节点之间的引力强弱程度，即关系紧密程度。由图6-1可以看出，在整个网络结构图中，村委会 V、乡镇企业 F1和 F2处于关系网络的优势地位，与较多利益相关者保持着密切联系。其中，浔龙河村委会 V 作为浔龙河村建设发展的领导者，处于整个网络的主导地位，掌控着村镇建设方向和未来走势，与大多数利益相关者保持着密切联系；乡镇企业 F1通过吸引外来投资成立乡镇企业 F2，对浔龙河村进行深层次的生态开发、多领域的产业引导，支持并推动浔龙河村绿色宜居村镇的建设发展。

从两两节点之间的引力强弱程度上看，浔龙河村委会 V 与果园镇政府 G1、家味农香种养专业合作社 R1、红香种植专业合作社 R2、红花蜜蜂养殖专业合作社 R3之间存在最高引力值。果园镇政府 G1作为浔龙河村的直属领导部门，对浔龙河村进行政策引导，指导村镇建设工作，确保项目的规范、有序建设；农村专业合作社 R，接受村委会引导，是由村民自主成立的互助性经济组织，推动了浔龙河村的经济发展。较高引力值主要存在于乡镇企业 F 和外来企业 E 之间及浔龙河村委会 V 与长沙县政府 G2、长沙县自然资源局 G3、非政府组织、星沙农村商业银行 I2等金融机构之间。高引力值主要存在于村委会 V 和村民 C、政府部门 G，以及部分乡镇企业 F 之间。中引力值主要存在于浔龙河村村民内部之间。低引力值主要存在于村委会 V 与一些小型乡镇企业 F、外来企业 E 之间。

6.2　关系结构优化举措

在乡村振兴战略背景下，绿色宜居村镇的建设无疑涉及村民、村委会、农村专业合作社、政府、非政府组织、乡镇企业、外来企业、金融机构、媒体机构等众多村镇建设的利益相关主体。在浔龙河村绿色宜居村镇建设过程中，各利益相关者通过技术、信息、资金等进行资源交换，使得浔龙河村完成了从

"美丽乡村（2021—2014年）—生态社区（2014—2016年）—特色产业（2016—2017年）—特色小镇（2017—2018年）"的历史蜕变，形成了浔龙河村特色小镇建设模式。但由于参与建设者的利益需求存在差异，不同利益相关者之间存在着复杂的利益关系，再加上新冠疫情的暴发导致全球经济受损，参与浔龙河村建设的利益相关者之间的利益摩擦和矛盾更为突出，各个利益相关者难以形成合力，这导致包括浔龙河村在内的众多绿色宜居村镇建设发展受到了严重的阻碍。随着村镇建设多元利益主体的发展，需优化浔龙河村建设利益相关者之间的关系结构，针对各利益相关者提出总体对策及差异化路径，以推动绿色宜居村镇的建设进程。

6.2.1 统筹利益相关者关系的总体对策

1. 化解利益摩擦、减少利益矛盾

在浔龙河绿色宜居村镇建设的过程中，受经济、政策等大环境影响，参与建设的村民、村委会、农村专业合作社、政府、非政府组织、乡镇企业、外来企业、金融机构、媒体机构等多元主体的利益偏好各异，不同利益相关者之间存在着复杂的利益关系，导致各利益相关者之间的利益摩擦和矛盾日益突出。村镇建设利益相关者之间存在着大小不同的利益摩擦，当双方或多方利益相关者之间的利益摩擦问题严重时，将会对其参与的具体建设项目产生直接影响，减缓或阻碍绿色宜居村镇的建设进度，乃至影响整个村镇建设进程；当双方或多方利益相关者之间存在轻微利益摩擦时，其带来的微弱消极影响也不容忽视。因此，在多元参与的绿色宜居村镇建设过程中，要及时化解浔龙河村过去已经发生的各种利益冲突和摩擦，力求最大程度降低其负面影响。浔龙河村村委会作为整个关系网络的核心角色，要充分发挥沟通、协商、信息传递等作用，及时发现、化解参与村镇建设利益相关者之间的利益摩擦，降低利益冲突带来的消极影响，从而营造一个和谐共处、多元参与的村镇建设环境。

2. 优化利益关系、协调利益矛盾

由于各利益相关者的社会地位、其掌握的权力、拥有的资源有所差异，导致在浔龙河绿色宜居村镇建设中，各建设参与者的利益无法实现平等分配，从而加剧了各利益相关者之间的矛盾和冲突，使得多方优势资源、信息、资金无法形成合力，难以有效推进绿色宜居村镇的建设。为有效协调各利益相关者的利益矛盾，需要做到以下几个方面。

（1）明晰参与主体。浔龙河村绿色宜居村镇建设的利益相关者参与数量多、涉及范围广、覆盖面积大，分别为村民、村委会、农村专业合作社、政府、非政府组织、乡镇企业、外来企业、金融机构、媒体机构，而不同利益相关者之间的利益需求存在差异，导致利益相关者关系网络结构复杂，利益矛盾繁多。在推进浔龙河村绿色宜居村镇建设过程中，明晰各利益相关者的存在意义、职能职责、建设任务、利益偏好，是优化协调各利益相关者利益关系的基础工作和重点任务。

（2）搭建协调平台。在浔龙河村绿色宜居村镇建设过程中，出现了多元利益主体无秩序参与村庄建设的问题，导致部分拥有优势资源、资金、信息的建设者无法及时有效地投入实际的项目建设中，不仅损害了相关建设参与者的利益，而且降低了涉事项目的建设质量。协调平台可由涉事项目的利益相关者成立利益协调小组，共同商讨表决需要加入的建设参与方，同时可利用现代信息互联网技术，邀请相关专家，为化解建设利益相关者之间的矛盾提供更多解决方案。协调平台的搭建，可为浔龙河村建设利益相关者之间的利益矛盾提供有效解决机制。

（3）加强责任约束。需在政府层面制定合理有效的责任制度，将各个利益相关者的存在意义、职能职责、建设任务纳入制度中，用制度指导、监督、约束各利益相关者的行为。各利益相关者各司其职、各尽其能，才能有效规范多元利益主体有秩序地参与村庄建设，保证浔龙河村绿色宜居村镇建设的顺利推进。

3. 培育合作意识、实现共建共赢

由浔龙河村建设利益相关者关系网络可以看出，各利益相关者的联系分散，众多拥有优质资源的利益相关者处于关系网络的边缘地位，“合作共赢”的意识相对薄弱，这在很大程度上制约了浔龙河村绿色宜居村镇的建设发展。因此，培育浔龙河村各利益相关者的合作意识，不仅可以提高多元参与主体之间的信任程度，还可以实现“共建共赢”的建设目标，从而提高浔龙河村绿色宜居村镇的建设效率。

6.2.2 优化利益相关者关系的差异化路径

1. 村民

村民作为浔龙河村建设的主体，在浔龙河村建设利益相关者关系网络中具有较大的影响力，但由于受教育水平、认知能力的限制，绝大部分村民并没有参与到村庄建设中，导致其自身需求无法实现。村民作为浔龙河村建设发展的主体和最大受益者，首先，他们应积极参与到绿色宜居村镇建设中，并提出合理需求和建议，这不仅可以避免建设资源的浪费，还可以维护其自身的利益，改善居住环境，提高其生活水平；其次，村民要增强自我维权意识，主动监督建设项目的进度和质量，对于懈怠、破坏性的建设行为，可以积极向相关部门反映，维护自身的合法权益，要做到敢于监督、合法维权，承担起浔龙河村绿色宜居村镇的主人翁角色；最后，村民还可以通过网络主动学习村镇建设知识，了解绿色宜居的发展理念，积极带动身边人加入绿色宜居村镇建设中。

2. 村委会

浔龙河村村委会作为浔龙河村建设发展的主导者，其处于整个关系网络的核心纽带地位，在很大程度上影响着各利益相关者的建设行为。因此，第一，浔龙河村村委会要确保其在整个利益相关者关系网络中的核心关键地位，不仅需要带动更多的村民参与到浔龙河村绿色宜居村镇的建设中，提高村民的经济收入，还要及时协调沟通、传递有效信息，吸引其他优质建设者参与到浔龙河村的建设发展中；第二，村委会较高的中间中心度决定了其作为桥梁和纽带的重要作用，村委会应加强促进外部建设利益相关者与村庄内部的联系，避免村委会因单方面决策的偏差而影响整个关系网络结构；第三，村委会可促进各利益相关者之间的交流联系，从而提高整个社会关系网络的密度和凝聚力。

3. 农村专业合作社

农村专业合作社是浔龙河村村民经济发展的带动者，接受浔龙河村村委会的指导，主要经营土鸡蛋、蜂蜜等农副产品，促进村庄经济发展，与村委会联系紧密。农村专业合作社处于整个社会关系网络的边缘地位，与其他建设利益相关者联系疏远。因此，浔龙河农村专业合作社不仅要加强与普通村民的联系，带动村民共同致富，促进整村经济发展；还要加强与乡镇企业的交流合作，通过企业进行农副产品的销售；此外，也要加强与媒体机构的深入合作，借助网络平台，打响浔龙河村“土特品牌”。

4. 政府

政府是浔龙河村建设发展的推动者、资源信息的提供者，同时也是浔龙河村和外来企业之间的重要桥梁和纽带。首先，对建设项目进行严格把关。政府层面要加强对落地项目的严格审核，拒绝不切实际的“假、大、空”项目，利用自身的资源、信息优势为浔龙河村寻求优质企业和建设项目，为浔龙河村建设发展提供政策引导和保障。其次，及时协调利益冲突。政府在项目审批时要充分考虑不同利益相关者的利益需求，避免各利益相关者之间产生利益摩擦和矛盾，协调好村民、浔龙河村村委会、乡镇企业、外来企业等建设参与者之间的关系，及时解决利益矛盾，营造一个健康、和谐、有序的建设环境。最后，转变建设立场。基于村民需求和现代化需要，政府需从硬件和软件上配套设施建设，鼓励村民积极参与村庄建设，提出切身需求。

5. 非政府组织

非政府组织作为绿色宜居村镇建设的推动者，其处于整个关系网络的边缘地位，导致优质的社会资源和生产要素不能及时投入浔龙河村建设发展中。首先，非政府组织可通过提升浔龙河村的社会信任度、加强村内与外界的信息交流、引导村内的行为规范，来有效解决本土产业发展动力不足、三产融合不深入的问题；其次，非政府组织对于化解各利益相关者之间的矛盾具有重大的作用，非政府组织可借助其丰富的“熟人关系”资源协商解决不同利益主体的矛盾冲突；最后，非政府组织可以通过宣传“绿色”环保知识，加强培养村民的“绿色宜居”意识，提升村庄的人居环境水平。

6. 乡镇企业

乡镇企业为浔龙河村绿色宜居村镇发展作出了重要贡献，在整个利益相关者关系网络中处于次核心位置。第一，乡镇企业要实现多元化的参与方式，加强与其他建设参与者之间的联系，不仅要凭借自身优势，还要寻求政府及其他企业的技术、信息、资金等支持，积极促进交流合作；第二，乡镇企业的产业发展要因地制宜，立足于浔龙河村的资源和区位优势，发展具有地方特色的乡村产业，带动当地整个村庄经济发展；第三，乡镇企业要切实考虑村民利益，为浔龙河村村民提供非农就业岗位，提高其收入水平。

7. 外来企业

外来企业是浔龙河村绿色宜居村镇建设发展的重要力量，可以为浔龙河村提供大量的建设资金和项目。一方面，外来企业在参与绿色宜居村镇建设项目时，不能只追求经济效益，也要承担相应的社会责任，关注农村基础设施等经济效益不高的民生项目，切实改善农村人居环境；另一方面，站在市场经营的角度，外来企业需与其他建设利益相关者建立持续、平等、互惠的关系，才能更好地为自身谋利益，为村庄谋发展。

8. 金融机构

金融机构在浔龙河村建设利益相关者关系网络中处于边缘地位，主要是由于农村金融的防范风险能力制约了金融机构对村级的服务。在疫情影响下，市场经济受损，流入乡村的建设资金短缺，包括浔龙河村在内的许多绿色宜居村镇建设受阻。在此经济背景下，金融机构既要坚持绿色发展理念，重点支持浔龙河村的绿色农业、休闲农业、康养产业等绿色生态产业，引导绿色经济在浔龙河村的持续发展；又要利用其信息优势，发挥资源配置作用，引导各类资金投入绿色宜居村镇建设中去。因此，金融机构要为浔龙河村绿色宜居村镇的建设发展提供坚实的经济保障。

9. 媒体机构

媒体机构作为推进乡村振兴战略实施的重要力量，在浔龙河村建设利益相关者关系网络中却处于较边缘的地位，没有充分发挥新媒介技术的传播作用。第一，媒体机构作为浔龙河村绿色宜居村镇的建设者和推动者，应发挥其信息传播推广的优势，对浔龙河村的历史文化、农副产品、生态资源进行大力宣传，增加浔龙河村的社会知名度；第二，媒体机构要借助自身优势，推动各种社会资源由城市向乡村流动，实现城乡资源优势互补；第三，媒体机构要搭建网络平台，推动浔龙河村发展具有地方特色的网络经济。

6.3　本章小结

本章基于社会网络分析法，揭示了浔龙河村建设利益相关者之间复杂的关系结构及特征。根据浔龙河村建设与发展的现实情况，将引力模型与社会网络分析法相结合，从关系网络的全局出发，构建完整、明晰的利益相关者引力强度模型，揭示各利益相关者的位置与重要程度。随后在前文分析研究的基础上，对浔龙河村建设利益相关者提出总体对策与差异化路径，总体对策是从全局视角提出利益协调策略，差异化路径是针对各利益相关者提出具体、可实施的策略。

第7章　村镇建设多元共享利益共同体的构筑

7.1　多元共享利益共同体的要素组成

通过前文的分析可知，绿色宜居村镇建设能否成功并产生长效作用，关键在于能否构筑起一个多元共享的利益共同体，再通过利益共享机制来实现多元利益相关者的参与。这个多元共享利益共同体由村民、村委会、农村专业合作社、政府、非政府组织、乡镇企业、外来企业、金融机构、媒体机构等组成，它们都能在绿色宜居村镇建设中实现各自最核心的利益诉求，这样绿色宜居村镇建设不仅较容易成功，而且能获得可持续发展的坚实基础。多元共享利益共同体一般需具备以下三种要素。

第一是主体的多元性。绿色宜居村镇建设的主体即九大类利益相关者，不仅包括村镇内部成员，还包括大量外部政治、经济和社会利益相关者，呈现出主体的多元性和多样性特点，其具体组成是：核心层——村民、村委会、农村专业合作社、乡镇企业；紧密层——行使绿色宜居村镇建设主管和监督职能的政府（自然资源与规划局、农业农村局、乡村振兴局、交通局、卫生健康局、民政局等）、外来企业（投资开发商和经营商）、非政府组织、金融机构与媒体机构（广告和传媒部门）等。

第二是利益的多元性。利益的多元性表现为每个主体都有自己的利益，而且利益表现在经济、政治和社会等多个方面。村民的主要利益诉求是尽力维护好自身已有的耕地、农房等生产生活资源，并借助绿色宜居村镇建设，尽可能增加生产、经营等获利机会，改善人居环境。村委会的主要利益诉求是在确保村庄经济社会环境和谐稳定、人居环境优美完善的前提下，壮大村庄集体经济，提高其基层治理能力和水平。农村专业合作社的主要利益诉求是获取经济收益，带头村民通过成立农业专业合作社，销售本土农副产品，以小范围带动村镇经济发展，增加村民收入。镇级政府及其上级政府主管部门的最大利益诉求是追求政绩，具体表现形式为通过发展乡村产业来振兴农村经济、富民强村，既要保护耕地和生态环境，又要创造利税来源、解决当地就业问题，还要做好乡村治理、传承乡土文化等工作。非政府组织最直接的利益诉求是提高其知名度和美誉度，通过参与绿色宜居村镇建设项目，获得政府的政策支持，增加自身收益，壮大资本。乡镇企业的利益诉求则包含经济和社会方面的双重效益。外来企业的核心利益诉求是获得更多的经济收益。金融机构的主要利益诉求是在尽力降低金融风险的前提下，获得尽可能多的经济利益。媒体机构的主要利益诉求在于提高其点击率和收视率，提高受众对媒体机构的认同感、满意度、忠诚度及互动性。

第三是利益的共享性。绿色宜居村镇建设不同利益相关者在不同维度上均享有一定的利益，但不一定是平均享有这些利益，这些利益差异是公平与合理的，它既符合多元共享利益共同体内部的共识，又符合相关法律和市场规则等。

总之，在具备上述三个要素后，不同利益相关者就会构成相互认同、相互合作的多元共享利益共同体。因而相应的多元共享利益机制也会表现出其多样性，包括公共利益的共享、生产资料租金与使用的共享、劳动与管理的共享、社会志愿服务和慈善行为的共享等。

7.2 构建多元共享利益共同体的动力机制

从动机看，绿色宜居村镇建设的根本目的在于为广大村民造福，让农村成为宜居宜业和美乡村，这就决定了绿色宜居村镇建设的首要目的是提升村民居住的幸福指数，而不仅是给市民提供享受田园风光的度假之地。因此，绿色宜居村镇建设的真正核心主体是村民，要建成什么样的村庄、怎么建设，应该由村民自己做主，而不是由村委会、专业合作社、政府、乡镇企业或外来企业等决定，为此需要将绿色宜居村镇建设内化于广大村民的生产生活之中。政府在推动绿色宜居村镇建设过程中，要树立以人为本的价值观。绿色宜居村镇建设要从广大村民的实际需求出发，符合村民意愿，最主要的是要调动他们参与村镇建设的积极性、主动性与创造性。村民也应提高自身的科学文化素质，积极参加培训学习以适应建设之需。村委会是利益相关者社会关系网络的核心，对各利益相关者有一定的影响，因而也是绿色宜居村镇建设中重要的单位，其班子成员贴近基层生活，了解村民的实际需求，他们本身来源于村民，能够从广大村民的利益与诉求出发来考虑建设的全局性与长远性。因此，村委会在多元共享利益共同体中的职责重大，他们既要在县级、乡镇政府的指导下开展村镇建设工作，又要根据本村的资源禀赋、实际特色与阶段需求，进行灵活变通的工作。

7.3　构建多元共享利益共同体的内生机制

政府是村镇建设的重要推动者，也是相关政策和资金的主要提供者，但这并不意味着政府可以完全替代农民来直接建设绿色宜居乡村。理论上来讲，政府与村民之间存在严格的行为边界，只有厘清边界才能形成巨大的建设合力，如果界限模糊或有失公正，将成为绿色宜居村镇建设效果不佳的重要原因。村民在多元共享利益共同体中占据核心主体地位，但也并不表明在绿色宜居村镇建设时需要绝对依赖农民的主体性。因此，应动态地界定政府与村民之间的行为边界。如表7-1所示，在绿色宜居村镇建设的初期阶段，村民在参与建设时，会面临要素资源短缺、专业能力不足等问题，所以需要适当压缩村民的行为边界，充分发挥政府的作用；随着绿色宜居村镇建设阶段的深入发展，政府的行为边界也相应将呈现渐进式的压缩趋势，村民的主体地位就需要逐渐提高，即由外生型走向内生型，不断地在“还村民建设绿色宜居村镇之权、赋村镇打造宜居宜业和美乡村之能”的过程中演化推进。

表7-1 不同阶段各利益相关者的行为描述

利益相关者	建设前	建设中	建设后
村民	被动、观望、权力让渡	被动、履行义务、利益调整	被动、受诉求满足程度影响
村委会	主动、申报、策划	主动、建设	主动、受利益诉求满足度影响
农村专业合作社	主动、谋划	主动、配合	主动、受利益诉求满足度影响
政府	主动、规划	主动、调动资源、考核	有变化，受行政诉求影响
非政府组织	观望	受目的影响，有波动	受目的影响，有波动
外来企业	被动、投资谋划	受利益影响，有波动	受利益影响，有波动
乡镇企业	被动、投资谋划	受利益影响，有波动	受利益影响，有波动

7.4 构建多元共享利益共同体的市场机制

作为市场介入的利益相关者，农村专业合作社、外来企业与乡镇企业等最大的特点是趋利性。村集体可与他们联合起来，以发展产业、建设村庄为经济动力，立足村镇现有资源禀赋、基础条件，来建设宜居宜业和美乡村，开发地域特色经营，注重家庭承包责任地、农村宅基地、集体建设用地这“三块地”的改革，激发乡镇企业、外来企业参与社会公共服务。通过市场化、产业化之路，来激活村镇建设的自身激励机制，使绿色宜居村镇建设在市场经济环境中产生强大的生命力与扩张力。

综上，在绿色宜居村镇建设进程中，各利益相关者都有其自身的利益诉求和角色定位，虽然在某种程度上可能存在差异，但协同共建“绿色宜居村镇”的目标却是一致的。政府的角色要由亲自划桨者转变为方向掌舵者，积极动员其他利益相关者参与，并制定相应的优惠政策、提供对应的奖励或补助资金，吸引农村专业合作社、外来企业、乡镇企业等市场机构主动参与，还要为金融、媒体机构等其他利益相关者提供合适的便利条件。政府与非政府组织的互动性需增强，政府应正确看待非政府组织，非政府组织则需提高其承接政府某些职能的能力。政府与村民之间的互动也应增强，政府和村委会应尊重村民的意见，千方百计调动村民的积极性、主动性、能动性和责任感。各利益相关者之间需增强彼此的信任，形成绿色宜居村镇建设的合力，并且在多元共享利益共同体中明确各自利益的诉求、职责的划分、风险的承受，在协同共治过程之中，通过利益的协调、让渡来实现整体利益、效益的最大化。

7.5　本章小结

本章在阐述多元共享利益共同体的主要组成要素为主体的多元性、利益的多元性与利益的共享性之后，构筑了三大机制：第一是多元共享利益共同体的动力机制，即不仅要提升村民居住的幸福指数，还要给市民提供享受田园风光的度假之地；第二是多元共享利益共同体的内生机制，即动态地界定政府与村民之间的行为边界，政府是村镇建设的重要推动者，村民在多元共享利益共同体中占据核心主体地位；第三是构建多元共享利益共同体的市场机制，即通过市场化、产业化之路，村集体联合农村专业合作社、外来企业与乡镇企业等市场机构，来激活村镇建设的自身激励机制，使绿色宜居村镇建设在市场经济环境中产生强大的生命力与扩张力。

第8章　结论与展望

8.1　研究结论

在人地关系协调、人居环境科学、利益相关者、社会网络等理论的支撑下，通过借鉴多元主体共商基层德治的“赤坎模式”、多元主体参与的陆巷村旅游开发模式、绿城支持龙村建设的社会组织主导模式、“鱼跃”村落市场化运营的企业主导模式、声望引导下湖村的乡贤主导建设模式等，本书以长沙县浔龙河村绿色宜居村镇建设为研究对象：首先，识别出9大类、106个参与浔龙河村建设的利益相关者，构建浔龙河村绿色宜居村镇建设利益相关者社会网络模型，从个体网络和整体网络两个层面进行指标评价，对各利益相关者之间的关系结构进行分析；其次，将社会网络分析法和引力模型相结合，深入研究各利益相关者之间的引力强弱关系；再次，对浔龙河村建设利益相关者提出总体对策与差异化路径，优化其关系网络结构，从而协调各利益相关者之间的利益矛盾，使其形成合力，共同推进浔龙河村绿色宜居村镇的建设。最后，提出多元共享利益共同体的要素组成以及动力、内生和市场三大机制。研究结论主要包括以下几个方面内容。

1. 多元主体参与、引导绿色宜居村镇建设

我国的村镇建设经历了由“村民主导—政府主导—政府主体、村民协同—多元参与、共同建设”的漫长过程。当前，多元建设参与者联系紧密且相互影响，共同作为村镇建设的主体，引导并推进绿色宜居村镇建设。通过直接识别和间接识别相结合的方法，确定了参与浔龙河村绿色宜居村镇建设的9大类、

106个利益相关者。

2. 社会网络模型明晰关系网络结构和属性

构建浔龙河村建设利益相关者社会网络模型包括以下三个步骤：一是识别关系网络节点；二是构建关系矩阵与绘制社会网络图；三是评价各利益相关者网络特征指标。识别关系网络节点是通过实地调研，识别并确定参与村庄建设的利益相关者。构建关系矩阵与绘制社会网络图，是在确定各类建设者之间关系强度的基础上，将其转换成社会网络分析所需的关系矩阵形式，并绘制浔龙河村建设利益相关者的社会网络图。各利益相关者网络特征指标评价，是采用社会网络分析方法，分别从个体网络和整体网络两个层面进行指标评价，明晰关系网络的结构和特征。分析结果表明，浔龙河村委会 V 处于关系网络的核心地位，主导浔龙河村绿色宜居村镇建设；乡镇企业 F1、F2处于关系网络的次核心位置，是浔龙河村建设发展的重要力量；其他利益相关者处于关系网络的外围，是优化网络结构时需重点关注的对象。

3. 引力模型揭示利益相关者的地位及关系

将社会网络分析法和引力模型相结合，构建浔龙河村建设利益相关者引力强度结构图。从整体网络结构上看，村委会 V、乡镇企业 F1和 F2处于关系网络的优势地位，与较多的利益相关者保持着密切联系。从引力强弱程度上看，最高引力值存在于浔龙河村委会 V 与果园镇政府 G1、家味农香种养专业合作社 R1、红香种植专业合作社 R2、红花蜜蜂养殖专业合作社 R3之间；较高引力值主要存在于乡镇企业 F 和外来企业 E 之间及浔龙河村委会 V 与长沙县政府 G2、长沙县自然资源局 G3、非政府组织、星沙农村商业银行 I2等金融机构之间；高引力值主要存在于村委会 V 和村民 C、政府部门 G、部分乡镇企业 F 之间；中引力值主要存在于浔龙河村村民内部之间；低引力值主要存在于村委会 V 与一些小型乡镇企业 F、外来企业 E 之间。

4. 通过优化关系网络结构来协调利益矛盾

为协调各利益相关者之间的矛盾冲突，满足其利益需求，我们提出利益相关者关系结构优化举措：统筹利益相关者关系的总体对策、优化利益相关者关系的差异化路径，使其形成合力，共同推进浔龙河村绿色宜居村镇建设，也为其他绿色宜居村镇建设和村镇人居环境优化提供一种新的研究思路。

5. 构筑多元共享利益共同体以实现各自利益诉求

多元共享利益共同体的主要组成要素为主体的多元性、利益的多元性、利益的共享性。构建该共同体需要建立动力、内生和市场三大机制。其中，市场机制不仅要提升村民居住的幸福指数，还要给市民提供享受田园风光的度假之地；内生机制需动态地界定政府与村民之间的行为边界，政府是村镇建设的重要推动者，村民在多元共享利益共同体中占据核心主体地位；市场机制即通过市场化、产业化之路，村集体联合农村专业合作社、外来企业与乡镇企业等市场机构，来激活村镇建设自身的激励机制，使绿色宜居村镇建设在市场经济环境中产生强大的生命力与扩张力。

8.2 不足与展望

基于社会网络分析法，以村镇建设的利益相关者为切入点，研究其对绿色宜居村镇建设的影响因素，由于该方法和视角在我国村镇建设领域的研究还不够成熟，对绿色宜居村镇建设利益相关者的分析还不够深入和完善，更多建设问题还有待进一步发现和解决。

（1）在绿色宜居村镇建设过程中，利益相关者具有动态进出的特点，并且所涉及的利益相关者数量庞大、类型复杂，因此构建绿色宜居村镇建设利益相关者社会网络模型也是需要实时调整的。由于主客观条件的限制，本书并未对浔龙河村建设全生命周期的利益相关者进行研究，因而如何准确、有效、及时地研究绿色宜居村镇建设利益相关者关系网络的动态发展，是一个值得持续关注的问题。

（2）未来乡村的生产、生活与生态形态都将不断发生变化，绿色宜居村镇建设利益相关者也会随之发生相应变化。新型家庭农场主、农村职业经理人、乡村企业家、新乡村经营者、农村专技人才、新农村管理者等“新农人”的出现，农业工人、企业工人、散工临工、下乡市民、外来游客、绿色环保主义者等纷纷涌入乡村，这使得绿色宜居村镇建设利益相关者研究也需要有效应对新形态带来的新问题和新挑战。

（3）对绿色宜居村镇建设影响因素的研究，必然要涉及建筑学、规划学、地理学、管理学、社会学等众多学科，因此其属于多学科交叉融合的研究命题。从社会网络视角研究绿色宜居村镇建设利益相关者的网络结构和作用机理，只涉及绿色宜居村镇建设发展的部分影响因素，而绿色宜居村镇建设需要综合考虑经济、社会、文化、生态等多个方面。因此，下一步还需更多学科的交叉融合，去共同探讨绿色宜居村镇建设发展的影响因素。

参考文献

[1] 国家乡村振兴局　中央组织部　国家发展改革委　民政部　自然资源部　住房城乡建设部　农业农村部关于印发《农民参与乡村建设指南（试行）》的通知 [EB/OL].（2023-01-06）[2023-10-23].https://www.gov.cn/zhengce/zhengceku/2023-01/17/content_5737525.htm.

[2] 习近平 . 高举中国特色社会主义伟大旗帜　为全面建设社会主义现代化国家而团结奋斗：在中国共产党第二十次全国代表大会上的报告 [M]. 北京：人民出版社，2022.

[3] 中共中央办公厅　国务院办公厅印发《乡村建设行动实施方案》[EB/OL].（2022-05-23）[2023-10-23].https://www.gov.cn/gongbao/content/2022/content_5695035.htm.

[4] 邓若璇，黄星集 . 多元利益主体诉求下村庄规划运行机制探究 [C]// 中国城市规划学会 . 活力城乡　美好人居：2019中国城市规划年会论文集 . 北京：中国建筑工业出版社，2019.

[5] 王春光 . 乡村建设与多元共享利益共同体的建构 [J]. 人民论坛 · 学术前沿，2022（15）：48-54.

[6] MEYER B C, PHILLIPS A, ANNETT S. Optimizing rural land health: from landscape policy to community land use decision-making[J]. Landscape Research, 2008, 33(2):181-196.

[7] KIZOS T, PRIMDAHL J, KRISTENSEN L S, et al. Introduction：landscape change and rural development[J]. Landscape Research, 2010, 35(6)：571-576.

[8] JORGE A S. Green infrastructure in rural communities of Mexico[J]. Cuadernos de Desarrollo Rural, 2019, 16(84): 1-16.

[9] MARIA M，MARIANA S, JARMILA S，et al. Green development in the construction of family houses in urban and rural settlements in Slovakia[J]. Sustainability, 2020, 12(11):1-17.

[10] ABD RASHID M H, ZAKARIA R, AMINUDIN E, et al. Critical green road criteria for Malaysia green rural road index: 4th International Conference on Construction and Building[C]. Engineering(ICONBUILD)/12th Regional Conference in Civil Engineering(RCCE), 2020.

[11] 袁凌，王丽莎，刘晓晖，等 . 绿色宜居村镇住宅建造技术体系研究综述 [J]. 住区，2019（6）：104-115.

[12] 宋文博，史纪 . 绿色宜居村镇人居环境规划体系研究 [J]. 城市住宅，2020，27（6）：63-66.

[13] 李焕，尚春静，李婕，等 . 绿色宜居村镇基础设施配建体系的构建研究 [J]. 建筑经济，2020，41（7）：101-105.

[14] 焦燕 . 绿色宜居村镇的发展模式与技术路径探索 [J]. 小城镇建设，2021，39（8）：1-6.

[15] 刘晓君，吉亚茜 . 绿色宜居村镇田园综合体建设项目管理模式选择研究 [J]. 小城镇建设，2021，39（8）：33-44.

[16] KERSELAERS E, ROGGE E, VANEMPTEN E, et al. Changing land use in the countryside: stakeholders' perception of the ongoing rural planning processes in Flanders[J]. Land Use Policy, 2013(32):197-206.

[17] EUSÉBIO C, KASTENHOLZ E, BREDA Z. Tourism and sustainable development of rural destinations：a stakeholders' view[J].Revista Portuguesa de Estudos Regionais, 2014, 36(1): 13-21.

[18] KELLIHER F, AYLWARD E, LYNCH P. Exploring rural enterprise：the impact of regional stakeholder engagement on collaborative rural networks [M].England: Emerald Group Publishing Limited, 2014.

[19] HU X, XIA B, BUYS L, et al. Stakeholder analysis of a retirement village development in Australia: insights from an interdisciplinary workshop[J]. International Journal of Construction Management, 2015, 15(4): 299-309.

[20] CHIN C H, THIAN S S, LO M C. Community's experiential knowledge on the development of rural tourism competitive advantage: a study on Kampung semadang-borneo heights, sarawak[J].Tourism Review, 2017, 72(2): 238-260.

[21] 沈丽丽.利益相关者视角下美丽乡村建设提升路径探析：以浙江K区“五星3A”美丽乡村建设实践为例[J].成都行政学院学报，2018（5）：77-82.

[22] 王红宝，杨建朝，李美羽.乡村振兴战略背景下田园综合体核心利益相关者共生机制研究[J].农业经济，2019（10）：24-26.

[23] 孙叶.利益相关者视角下农村住房改造与建设的实践研究：基于对无锡市F村的考察[J].村委主任，2022（11）：97-99.

[24] 陈才，杨春淮.海南共享农庄建设的系统结构与驱动机制研究：基于利益相关者视角的探讨[J].南海学刊，2018，4（3）：69-75.

[25] 杨晓林，周巧丽.严寒地区绿色村镇建设利益博弈分析[J].工程管理学报，2014，28（6）：48-53.

[26] 王晓冉，王建廷.绿色小城镇运营管理利益相关者协同机制研究[J].天津城建大学学报，2016，22（6）：450-454.

[27] 伽红凯，何静霞，李雪妍，等.古村落旅游开发利益相关者研究[J].农村经济与科技，2016，27（19）：102-105.

[28] KWON S, KIM S, YI-KOOK J. Social network analysis of stakeholders in green tourism: a case study of Sikaoicho and Sintokucho in Hokkaid[J].

Studies in Regional Science, 2009, 39(3): 767-781.

[29] YLWARD E A，KELLIHER F. Rural tourism development: proposing an integrated model of rural stakeholder network relationships[J].Rikon, 2009, 8(1): 1-26.

[30] GHANBARI S, BAZRAFSHAN J, SHAHVERDI A. Analysis of social network effect in space function of rural services case：Shirvan village (Borujerd township)[J].Globalization and Health, 2015, 32(4): 2-17.

[31] FATEMI M, REZAEI-MOGHADDAM K, POURGHASEMI H R. Social networks analysis of rural stakeholders in watershed management[J]. Environment, Development and Sustainability, 2021, 23(3): 35-57.

[32] SUÁREZ D, DÍAZ-PUENTE J M, BETTONI M. Risks identification and management related to rural innovation projects through social networks analysis: a case study in Spain[J]. Land, 2021, 10(6): 613.

[33] 王晓鸣，王旭，吴晶霞，等.现代乡村聚落建设工程共同体与网络分析模型[J].土木工程与管理学报，2017，34（1）：1-9.

[34] 宋炎炎，赵云鹏，王威.浙江省特色小镇研究：基于社会网络分析的视角[J].科技促进发展，2018，14（6）：511-520.

[35] 葛妍，丁金华，周莉.基于SNA的苏州旺山村乡村旅游地空间结构[J].中国城市林业，2020，18（4）：94-99.

[36] 陆天华，于涛.基于社会网络分析的旅游地乡村社会空间重构研究：以南京世凹“美丽乡村”为例[J].地理科学，2020，40（9）：1522-1531.

[37] 关中美，杨贵庆，职晓晓.基于社会网络分析法的乡村聚落空间网络结构优化研究：以中原经济区X乡为例[J].现代城市研究，2021（4）：123-130.

[38] NHAT H N, MARTIN S, JOHNNY K W W. Stakeholder impact analysis

of infrastructure project management in developing countries: a study of perception of project managers in state-owned engineering firms in Vietnam[J]. Construction Management and Economics, 2009, 27(11): 29-40.

[39] 吴仲兵，姚兵，刘伊生．论政府投资代建制项目监管利益相关者的界定与分类 [J]. 建筑经济，2011（1）：48-51.

[40] YANG R J, ZOU P. Stakeholder-associated risks and their interactions in complex green building projects: a social network model[J]. Building & Environment, 2014, 73(1): 208-222.

[41] ROBERT N. From client to project stakeholders: a stakeholder mapping approach[J]. Construction Management and Economics, 2003, 21(8): 41-48.

[42] 王进，许玉洁．大型工程项目利益相关者分类 [J]. 铁道科学与工程学报，2009，6（5）：77-83.

[43] 毛小平，陆惠民，李启明．我国可持续建设研究与实践现状调查研究[C].2011年信息技术、服务科学与工程管理国际学术会议，北京，2011.

[44] 黄沛霖．基于利益相关者理论的城市更新项目规划方案决策研究 [D]. 重庆：重庆大学，2018.

[45] 刘俊杰，朱新华，张培风．利益相关者视角下农村宅基地“三权分置”改革效果研究：基于社会网络分析 [J]. 江南大学学报：人文社会科学版，2021，20（6）：38-46.

[46] 廖涛，魏兰，郑雨诗．历史文化旅游地区利益相关者中心度分析：以成都为例 [J]. 城市规划，2016，40（3）：43-45，70.

[47] 吕宛青，张冬，杜靖川．基于知识图谱的旅游利益相关者研究进展及创新分析 [J]. 资源开发与市场，2018，34（4）：582-586，560.

[48] 张瑛，雷博健．基于知识图谱的乡村景观变迁研究进展 [J]. 山东林业科技，2021，51（5）：95-104.

[49] 王纯阳，黄福才 . 村落遗产地利益相关者界定与分类的实证研究：以开平碉楼与村落为例 [J]. 旅游学刊，2012，27（8）: 88-94.

[50] 吕萍，胡欢欢，郭淑苹 . 政府投资项目利益相关者分类实证研究 [J]. 工程管理学报，2013，27（1）: 39-43.

[51] 时舒欣 . 苏南水网乡村空间生态化建设的利益冲突与调控策略研究 [D]. 苏州：苏州科技学院，2015.

[52] 涂圣伟 . 工商资本参与乡村振兴的利益联结机制建设研究 [J]. 经济纵横，2019（3）: 23-30.

[53] 马良灿，李净净 . 从利益联结到社会整合：乡村建设的烟台经验及其在地化实践 [J]. 中国农业大学学报（社会科学版），2022，39（1）: 91-104.

[54] 中华人民共和国建设部，中华人民共和国国家质量监督检验检疫总局 . 镇规划标准：GB50188-2007[S]. 北京：中国建筑工业出版社，2007.

[55] 周巧丽 . 基于三方博弈的严寒地区绿色村镇建设管理研究 [D]. 哈尔滨：哈尔滨工业大学，2015.

[56] 焦燕，贾子玉 . 我国绿色宜居村镇的内涵与发展趋势研究 [J]. 小城镇建设，2021，39（8）: 5-17.

[57] 王雯雯 . 基于 SNA 的村镇体系空间模型研究：以昆山市为例 [D]. 南京：南京师范大学，2016.

[58] 王曦涓 . 多元利益均衡下村庄规划策略研究 [D]. 合肥：安徽建筑大学，2014.

[59] 赵荣斯，丁桑岚 . 人地关系理论的研究进展 [J]. 科技资讯，2012（33）: 141.

[60] 吴良镛 . 中国人居史 [M]. 北京：中国建筑工业出版社，2014.

[61] 吴良镛 . 人居环境科学导论 [M]. 北京：中国建筑工业出版社，2001.

[62] 刘军 . 社会网络分析导论 [M]. 北京：社会科学文献出版社，2004.

[63] 张纪娴，左迪，宋志贤，等 . 传统村落旅游地空间生产与认同研究：以苏州市陆巷村为例 [J]. 资源开发与市场，2019，35（5）：712-716.

[64] 许少辉，刘小欢，董丽萍 . 全域旅游中传统村落保护和发展的陆巷样本 [J]. 中国人口·资源与环境，2018，28（S1）：214-216.

[65] 王春程 . 古村落空间的生产与消费研究：以苏州陆巷村为例 [D]. 苏州：苏州科技学院，2015.

[66] 王东红 . 乡村旅游相关利益主体间的博弈分析 [J]. 农业经济，2019（5）：39-40.

附　录：

浔龙河绿色宜居村镇建设者行为及关系汇总表

建设者	建设者行为	相互关系强度
村民		
村民 C1	经营小蒋哥家厨	浔龙河村民接受村委会的引导，向村委会反映相关信息和问题，浔龙河村民和村委会之间的关系强度为 3；浔龙河村民之间相互交流和帮助，关系强度为 2。
村民 C2	经营楠喆超市	
村民 C3	经营顺心面馆	
村民 C4	经营新峰餐馆	
村民 C5	经营浔龙河酥饼	
村民 C6	经营浔龙河土菜 1 号馆	
村民 C7	经营吴满爹土菜馆	
村民 C8	经营贺大姐擂茶	
村民 C9	经营浔龙河浔鲜餐厅	
村民 C10	经营好呷屋飞饼	
村民 C11	经营浔龙河柴火饭庄	
村民 C12	经营浔尚便利店	
村民 C13	经营浔坊口味鱼	
村民 C14	经营傲豪食品超市	
村民 C15	经营火焙鱼	
村民 C16	经营栗家饭庄	
村民 C17	经营半间民谣小筑	
村民 C18	经营韵客栈	
村民 C19	经营浔忆餐厅	
村民 C20	经营浔龙河虾餐厅	
村民 C21	经营西米粥铺	

续表

建设者	建设者行为	相互关系强度
村民 C22	经营洗碗坊	
村民 C23	经营老李家	
村民 C24	姜盐豆子茶	
村民 C25	经营湘绣	
村民 C26	经营长沙米粉	
村民 C27	经营火盆烧烤	
村民 C28	经营虾行天下	
村民 C29	经营六缸烤肉	
村民 C30	经营粮食铺	
村民 C31	经营手工油茶	
村民 C32	经营缝纫店	
村民 C33	经营动物社	
村民 C34	经营家禽铺	
村民 C35	经营炒货铺	
村委会		
村委会 V	引导村民进行生态艺术小镇建设，吸引各方投资。	
农村专业合作社		
家味农香种养专业合作社 R1	销售土鸡、土鸡蛋	接受村委会引导，发展村庄经济，与村委会关系强度为 5；与湖南棕榈浔龙河生态城镇发展有限公司合作，代销土鸡蛋，关系强度为 4；合作社之间相互交流和帮助，关系强度为 4。
红香种植专业合作社 R2	销售水稻、大米	接受村委会引导，发展村庄经济，与村委会关系强度为 5；合作社之间相互交流和帮助，关系强度为 4。
红花蜜蜂养殖专业合作社 R3	销售蜜蜂养殖及蜂蜜	接受村委会引导，发展村庄经济，与村委会关系强度为 5；合作社之间相互交流和帮助，关系强度为 4。
政府		
果园镇政府 G1	作为浔龙河村的直接领导部门，对浔龙河村的建设进行直接管理	对浔龙河村委会进行直接管理，关系强度为 5。

续表

建设者	建设者行为	相互关系强度
长沙县在政府 G2	全面指导浔龙河生态艺术小镇的生态建设	指导果园镇政府和浔龙河村委会工作，关系强度为 4。
长沙县自然资源局 G3	管理、指导浔龙河村的拆迁合并工作	指导、支持村委会工作，关系强度为 4。
长沙县交通局 G4	负责村内道路硬化	指导、支持村委会工作，关系强度为 3。
长沙县农业农村局 G5	指导村内精准扶贫、乡村振兴工作，以及集体组织成员的界定	指导、支持村委会工作，关系强度为 4。
市生态环境局县分局 G6	指导、督察村内环境卫生	指导、支持村委会工作，关系强度为 4。
长沙县民政局 G7	审批村内低保救助	指导、支持村委会工作，关系强度为 4。
长沙县卫生健康局 G8	宣传、培训防疫工作	指导、支持村委会工作，关系强度为 3。
非政府组织		
湖南大学	规划设计田汉文化园	由果园镇政府牵头进行田汉文化园规划设计，与果园镇政府的关系强度为 3；指导村委会进行田汉文化园建设，与村委会关系强度为 4。
乡镇企业		
湖南浔龙河投资控股有限公司 F1	支持、推动浔龙河村建设	与村委会合作交流，关系强度为 3。
湖南棕榈浔龙河生态城镇发展有限公司 F2	生态开发浔龙河村	与村委会合作交流，关系强度为 3；由湖南浔龙河投资控股有限公司和棕榈盛城投资有限公司合资成立，关系强度为 4。
湖南浔龙河家悦酒店管理有限公司 F3	经营酒店	与村委会合作交流，关系强度为 1；由湖南棕榈浔龙河生态城镇发展有限公司投资成立，关系强度为 4。
湖南浔龙河华溢教育咨询有限公司 F4	组织教育咨询、文化艺术交流活动	与村委会合作交流，关系强度为 1；由湖南棕榈浔龙河生态城镇发展有限公司投资成立，关系强度为 4。
湖南浔龙河乡村发展咨询策划有限公司 F5	策划特色小镇、规划设计旅游景区	与村委会合作交流，关系强度为 1；由湖南棕榈浔龙河生态城镇发展有限公司投资成立，关系强度为 4。

续表

建设者	建设者行为	相互关系强度
湖南浔龙河星光文化旅游开发有限公司 F6	开发文化旅游产业、旅游项目	与村委会合作交流，关系强度为 1；与湖南棕榈浔龙河生态城镇发展有限公司的关系强度为 4；与北京星光文化旅游发展有限公司的关系强度为 4。
湖南嘉兆浔龙河旅游文化发展有限公司 F7	开发文化旅游产业、旅游项目	与村委会合作交流，关系强度为 1；与湖南棕榈浔龙河生态城镇发展有限公司的关系强度为 4；与荣嘉文化旅游控股有限公司的关系强度为 4。
湖南慕军教育咨询有限公司 F8	组织教育咨询、文化艺术交流活动	与村委会合作交流，关系强度为 1；由湖南棕榈浔龙河生态城镇发展有限公司投资成立，关系强度为 4。
湖南浔龙河岁景生态农业有限公司 F9	销售农副产品、农产品	与村委会合作交流，关系强度为 1；由湖南棕榈浔龙河生态城镇发展有限公司投资成立，关系强度为 4。
湖南浔龙河信泽商业管理有限公司 F10	管理服务商业综合体	与村委会合作交流，关系强度为 1；由湖南棕榈浔龙河生态城镇发展有限公司投资成立，关系强度为 4。
湖南星光汇文化旅游运营有限公司 F11	开发管理旅游项目、旅游景区开发	与村委会合作交流，关系强度为 1；湖南浔龙河信泽商业管理有限公司投资成立，关系强度为 4；与湖南棕榈浔龙河生态城镇发展有限公司的关系强度为 2。
湖南浔龙河城乡人力资源技能培训有限公司 F12	向游客提供旅游、交通、住宿、餐饮等代理服务	与村委会合作交流，关系强度为 1；湖南浔龙河信泽商业管理有限公司投资成立，关系强度为 4；与湖南棕榈浔龙河生态城镇发展有限公司的关系强度为 2。
湖南浔龙河研学教育科技有限公司 F13	组织研学旅行、策划推广教育基地品牌	与村委会合作交流，关系强度为 1；湖南浔龙河信泽商业管理有限公司投资成立，关系强度为 4；与湖南棕榈浔龙河生态城镇发展有限公司的关系强度为 2。
湖南嘉兆浔龙河畔文化旅游运营有限公司 F14	开发旅游项目、销售游乐设备	与村委会合作交流，关系强度为 1；湖南浔龙河信泽商业管理有限公司投资成立，关系强度为 4；与湖南棕榈浔龙河生态城镇发展有限公司的关系强度为 2。

续表

建设者	建设者行为	相互关系强度
湖南浔龙河商业运营管理有限公司 F15	运营与管理商品市场	与村委会合作交流，关系强度为 1；湖南浔龙河信泽商业管理有限公司投资成立，关系强度为 4；与湖南棕榈浔龙河生态城镇发展有限公司的关系强度为 2。
湖南棕榈浔龙河教育咨询有限公司 F16	销售游艺娱乐用品	与村委会合作交流，关系强度为 1；由湖南棕榈浔龙河生态城镇发展有限公司投资成立，关系强度为 4。
湖南浔龙河明智后勤管理有限公司 F17	单位后勤管理服务，房屋、场地租赁	与村委会合作交流，关系强度为 1；由湖南棕榈浔龙河教育咨询有限公司投资成立，关系强度为 4；与湖南棕榈浔龙河生态城镇发展有限公司的关系强度为 2。
湖南棕榈生态环境工程有限公司 F18	建筑工程设计	与村委会合作交流，关系强度为 1；与湖南浔龙河投资控股有限公司的关系强度为 4。
湖南新场景文化旅游开发有限公司 F19	开发文化旅游产业、生态农业旅游开发	与村委会合作交流，关系强度为 1；与湖南浔龙河投资控股有限公司的关系强度为 3；与湖南地球仓科技有限公司的关系强度为 4。
湖南浔龙河睿创智能科技有限公司 F20	研发智能化技术	与村委会合作交流，关系强度为 1；与湖南浔龙河投资控股有限公司的关系强度为 4；与湖南浔龙河物联网科技有限公司的关系强度为 2。
湖南浔龙河恒圣锦医疗咨询服务有限公司 F21	提供医疗器械技术咨询、交流服务	与村委会合作交流，关系强度为 1；与湖南浔龙河投资控股有限公司的关系强度为 4；与湖南恒梦医疗科技有限公司的关系强度为 2。
湖南棕榈浔龙河文旅有限公司 F22	开发旅游景区	与村委会合作交流，关系强度为 1；与棕榈盛城投资有限公司的关系强度为 2；与湖南同禾文化科技有限公司的关系强度为 1。
湖南浔龙河文化产业发展有限公司 F23	开发旅游景区、策划养老产业	与村委会合作交流，关系强度为 1；与湖南浔龙河投资控股有限公司的关系强度为 4。
湖南浔龙生态城建开发有限公司 F24	基础设施建设、房地产开发经营	与村委会合作交流，关系强度为 1；与湖南浔龙河投资控股有限公司的关系强度为 2；与黑龙江省建设集团有限公司的关系强度为 4；与湖南金海岸投资有限公司的关系强度为 3。
湖南樱之谷生态农业开发有限公司 F25	开发樱花谷	与村委会合作交流，关系强度为 1；与湖南浔龙河投资控股有限公司的关系强度为 4。

续表

建设者	建设者行为	相互关系强度
湖南浔龙河浔韵文化旅游有限公司 F26	开发樱花谷	与村委会合作交流，关系强度为 2；与湖南浔龙河投资控股有限公司的关系强度为 3；与湖南樱之谷生态农业开发有限公司的关系强度为 4。
湖南浔龙河置业有限公司 F27	城镇基础设施建设	与村委会合作交流，关系强度为 1；与湖南浔龙河投资控股有限公司的关系强度为 4；与棕榈盛城投资有限公司的关系强度为 4。
湖南浔龙河生态环境工程有限公司 F28	污染环境治理项目	与村委会合作交流，关系强度为 1；与湖南浔龙河投资控股有限公司的关系强度为 4。
外来企业		
国网湖南省电力公司长沙县供电分公司 E1	村内电力设施	与村委会合作交流，关系强度为 2。
中国电信长沙县分公司 E2	架设电信通信网络	与村委会合作交流，关系强度为 2。
中国移动长沙县分公司 E3	架设移动通信网络	与村委会合作交流，关系强度为 2。
中国联通长沙县分公司 E4	架设联通通信网络	与村委会合作交流，关系强度为 2。
棕榈盛城投资有限公司 E5	投资开发浔龙河村	与村委会合作交流，关系强度为 2；与湖南浔龙河投资控股有限公司合作，关系强度为 4。
北京星光文化旅游发展有限公司 E6	合资成立公司、打造田汉文化园项目	与村委会合作交流，关系强度为 1；与长沙县政府关系强度为 2；果园镇政府关系强度为 3；与湖南棕榈浔龙河生态城镇发展有限公司合作，关系强度为 4。
荣嘉文化旅游控股有限公司 E7	合资成立湖南嘉兆浔龙河旅游文化发展有限公司	与村委会合作交流，关系强度为 1；与湖南棕榈浔龙河生态城镇发展有限公司合作，关系强度为 4。
泰禾集团 E8	建设浔龙河康养项目（长沙院子）	与村委会合作交流，关系强度为 1；与湖南棕榈浔龙河生态城镇发展有限公司合作，关系强度为 4。
湖南地球仓科技有限公司 E9	合资成立湖南新场景文化旅游开发有限公司	与村委会合作交流，关系强度为 1；与湖南浔龙河投资控股有限公司合作，关系强度为 4。
湖南浔龙河物联网科技有限公司 E10	与湖南浔龙河投资控股有限公司合作	与村委会合作交流，关系强度为 1；与湖南浔龙河投资控股有限公司合作，关系强度为 4。
湖南恒梦医疗科技有限公司 E11	合资成立湖南浔龙河恒圣锦医疗咨询服务有限公司	与村委会合作交流，关系强度为 1；与湖南浔龙河投资控股有限公司合作，关系强度为 4。

续表

建设者	建设者行为	相互关系强度
湖南同禾文化科技有限公司 E12	合资成立公司	与村委会合作交流，关系强度为 1；与湖南浔龙河投资控股有限公司合作，关系强度为 2；与棕榈盛城投资有限公司合作，关系强度为 2。
黑龙江省建设集团有限公司 E13	与湖南浔龙河投资控股有限公司合作、交流	与村委会合作交流，关系强度为 1；与湖南浔龙河投资控股有限公司合作，关系强度为 2；与棕榈生态城镇发展股份有限公司合作，关系强度为 2。
湖南金海岸投资有限公司 E14	与湖南浔龙河投资控股有限公司合作、交流	与村委会合作交流，关系强度为 1；与湖南浔龙河投资控股有限公司合作，关系强度为 2；与棕榈生态城镇发展股份有限公司合作，关系强度为 2；与黑龙江省建设集团有限公司合作，关系强度为 2。
长沙华实领峰置业有限公司 E15	合作办学（长沙市雅礼田汉实验学校）	与村委会合作交流，关系强度为 1；与长沙县政府的关系强度为 3；与果园镇政府的关系强度为 3；与湖南棕榈浔龙河生态城镇发展有限公司交流，关系强度为 2。
上海嘉兆国际集团有限公司 E16	打造浔龙河甜甜湾乐园	与村委会合作交流，关系强度为 1；与湖南棕榈浔龙河生态城镇发展有限公司合作，关系强度为 4。
湖南麦咭乐园文化发展有限公司 E17	打造麦咭“运动不一样”主题乐园	与村委会合作交流，关系强度为 1；与湖南棕榈浔龙河生态城镇发展有限公司合作，关系强度为 4。
华中绿城投资发展有限公司 E18	打造高品质住宅	与湖南棕榈浔龙河生态城镇发展有限公司合作，关系强度为 4。
中国通信服务有限公司湖南公司 E19	推广浔龙河模式	与湖南浔龙河投资控股有限公司合作，关系强度为 3。
长沙县恒凯浔龙河污水处理有限责任公司 E20	污水处理及其再生利用	与村委会的关系强度为 4；与果园镇政府的关系强度为 5；市生态环境局县分局的关系强度为 4。
湖南建工集团有限公司 E21	推动乡村振兴项目	与湖南浔龙河投资控股有限公司合作，关系强度为 4。
金融机构		
湖南省农村信用社 I1	提供信贷支持	与村委会合作交流，关系强度为 2；与果园镇政府的关系强度为 2。

续表

建设者	建设者行为	相互关系强度
星沙农村商业银行 I2	代发拆迁款项、惠农补贴	与村委会合作交流，关系强度为 4；与县民政局的关系强度为 2。
长沙银行 I3	提供产业扶贫	与村委会合作交流，关系强度为 4；与县政府的关系强度为 3。
农业银行 I4	提供惠农贷款	与村委会合作交流，关系强度为 4；与镇政府的关系强度为 5。
建设银行 I5	负责集体经济组织分红	与村委会合作交流，关系强度为 4；与县政府的关系强度为 3。
媒体机构		
湖南金鹰卡通卫视 M1	推出麦咭乐园节目	与村委会合作交流，关系强度为 2；与湖南棕榈浔龙河生态城镇发展有限公司合作，关系强度为 3。
CCTV-1 M2	推广村乡村振兴的典型经验	与村委会合作交流，关系强度为 2；与长沙县政府的关系强度为 2。
CCTV-13 M3	推广村乡村振兴的典型经验	与村委会合作交流，关系强度为 2；与长沙县政府的关系强度为 2。
长沙广播电视台 M4	推广农特产品	与湖南浔龙河投资控股有限公司合作，关系强度为 3。